EL LENGUAJE DEL CUERPO

Julius Fast

EL LENGUAJE
DEL CUERPO

Traducción: Valentina Bastos

editorial Kairós

Numancia, 117-121
08029 Barcelona
España

Título original: BODY LANGUAGE
Traducción: Valentina Bastos

© 1970 by Julius Fast
© de la edición española:
  1971 by Editorial Kairós, S.A.

Primera edición: Abril 1971
Decimoséptima edición: Marzo 2005

ISBN: 84-7245-033-3
Dep. Legal: B-15.200/2005

Fotocomposición: Beluga & Mleka. Córcega, 267. 08008 Barcelona
Impresión y encuadernación: Romanyà-Valls S.A. Verdaguer, 1.08786 Capellades

EL CUERPO
ES EL MENSAJE

Una ciencia llamada kinesia

En estos últimos años se ha descubierto y explorado una nueva e incitante ciencia: el *lenguaje del cuerpo*. Su forma escrita y su estudio científico han sido denominados kinesia. El lenguaje del cuerpo y la kinesia tienen como base las pautas de conducta de la comunicación no verbal, pero la kinesia es aún una ciencia tan nueva que sus autoridades pueden contarse con los dedos de una mano.

Estudios científicos revelaron hasta qué punto el lenguaje del cuerpo puede, realmente, contradecir las comunicaciones verbales. Clásico ejemplo de ello es la joven que le dijo a su psiquiatra que quería mucho a su amigo mientras movía la cabeza de un lado a otro en inconsciente negativa.

El lenguaje del cuerpo permite encarar bajo una nueva luz la dinámica de las relaciones interfamiliares. Si, por ejemplo, una familia se halla sentada, puede dar de sí un retrato revelador nada más que por la forma en que sus miembros mueven sus brazos y piernas. Si la madre cruza las piernas primero, y el resto de la familia hace enseguida lo mismo, ella ha tomado la delantera de la acción familiar, aunque ella y el resto de la familia no tengan conciencia de que lo ha hecho. En efecto, sus palabras pueden negar su papel de líder cuando pide consejo al marido y a los hijos. Pero en su modo de actuar se manifiesta, sin palabras, el indicio del liderazgo, que revela la organización familiar a cualquier entendido en kinesia.

Una nueva señal del inconsciente

El doctor Edward H. Hess comunicó en una reciente convención del American College of Medical Hypnotists el descubrimiento de una nueva señal kinésica. Es la inconsciente dilatación de la pupila cuando el ojo ve algo agradable. En un terreno práctico, es algo que puede ser útil al jugador de póker que conoce el dato. Cuando se dilatan las pupilas de su adversario, puede estar seguro de que tiene una buena mano. Puede no ser siquiera consciente de su habilidad para leer la señal, como tampoco lo será la otra persona de que está mandando un mensaje respecto a su propia suerte.

El doctor Hess comprobó que la pupila de un hombre normal se dilata al doble cuando ve la imagen de una mujer desnuda.

En el nivel comercial, el doctor Hess menciona el empleo de este nuevo principio kinésico para determinar el efecto de una propaganda comercial en la televisión. Mientras se muestra la propaganda a un público seleccionado, los ojos de dicho público son fotografiados. El negativo es luego cuidadosamente estudiado para determinar exactamente cuándo ocurrió la dilatación del ojo; en otras palabras, cuándo se le dio a la propaganda alguna grata respuesta inconsciente.

El lenguaje del cuerpo puede comprender cualquier movimiento, reflexivo o no, de una parte o de la totalidad del cuerpo que una persona emplea para comunicar un mensaje emocional al mundo exterior.

Para comprender este lenguaje sin palabras del cuerpo, los expertos kinésicos tienen a menudo que tomar en consideración las diferencias culturales y ambientales. El hombre corriente, que desconoce los matices culturales del cuerpo, muchas veces se equivoca al interpretar lo que ve.

Cómo clasificar a las chicas

Allen era un muchacho de una pequeña ciudad que había ido a visitar a Ted a una gran ciudad. Una noche, al dirigirse al apartamento de Ted donde había un gran cóctel, Allen vio a una encantadora joven morena cruzar la calle delante de él y seguir luego caminando a lo largo de la manzana. Allen la siguió maravillado con lo explícito que resultaba su caminar. Si había de captar alguna vez un mensaje no verbal, ésta era la ocasión.

La siguió hasta el final de la manzana, percibiendo que la joven tenía conciencia de su presencia y dándose cuenta asimismo de que su manera de caminar no cambiaba. Allen estaba seguro de que eso era una invitación.

Finalmente, al llegar a una luz roja, Allen se llenó de coraje y acercándose a la joven, le dirigió su más amable sonrisa y dijo: «¡Hola!».

Con la mayor sorpresa la vio darse vuelta, mirarle con furia y decirle a través de los dientes cerrados: «Si no me dejas tranquila, llamo a un policía». Entonces cambió la luz y ella se alejó fastidiada.

Allen estaba aturdido y rojo de vergüenza. Fue apresuradamente hasta el apartamento de Ted donde la reunión estaba en pleno apogeo. Mientras Ted le servía de beber le contó lo que le había ocurrido y Ted se puso a reír: «Chico, ¡qué despiste!».

«Pero, caramba, Ted, ninguna chica en mi pueblo caminaría de ese modo a menos que… a menos que justamente buscara algo.»

«Esta es una vecindad de mayoría hispana, de idioma español. La mayor parte de las chicas –pese a las apariencias– son muy buenas chicas», explicó Ted.

Lo que Allen no comprendía es que en una cultura como la de muchos países de habla hispánica, en los cuales las chicas son siempre acompañadas y en los que rigen normas estrictas de conducta social, una joven puede impunemente hacer gala de su sexualidad sin peligro de verse en dificultades. En realidad, la manera de caminar que Allen consideró una invitación se consideraría natural, y la postura erecta y rígida de una correcta mujer norteamericana probablemente parecería carente de gracia y naturalidad.

Allen circuló entre los invitados y poco a poco olvidó su humillación.

Cuando la reunión iba a terminar, Ted le arrinconó y le preguntó: «¿Ves algo que te guste?».

«Esta Janet», suspiró Allen. «Hombre, me encantaría.»

«Pues bien. Invítala a quedarse. Margie también se queda, cenaremos juntos.»

«No sé si hacerlo. Me parece que no conseguí despertar su interés.»

«Estás bromeando.»

«No. Ha estado toda la noche como si llevara puesto el cartel: "No tocar."»

«Pero a Janet le gustas. Ella me lo dijo.»

«Pero –dijo Allen aturdido– entonces, por qué es ella tan, tan... No sé, parece no querer que yo la toque con un dedo.»

«Esa es la manera de ser de Janet. No has captado la onda.»

«Nunca entenderé esta ciudad», dijo Allen todavía anonadado, pero feliz.

Así se dio cuenta Allen de que en los países latinos las jóvenes pueden emitir un mensaje de abierta coquetería sexual y estar siempre, sin embargo, tan bien acompañadas que cualquier propasarse físico es prácticamente imposible. En países en que el andar acompañada es menos corriente, la joven construirá sus propias defensas mediante una serie de mensajes no verbales que digan: «Fuera las manos». Cuando la situación es de tal naturaleza que un hombre no puede, dentro de las normas de su cultura, dirigirse a una joven desconocida en la calle, las jóvenes pueden moverse con soltura y libertad. En una ciudad como Nueva York, en que puede ocurrirle cualquier cosa a una joven, especialmente en un cóctel, ella aprende a emitir un mensaje que diga «fuera las manos». Es decir, mantendrá una postura rígida, cuando se siente cruzará las piernas con formalidad, cruzará los brazos sobre el pecho, y recurrirá a otros gestos defensivos como éstos.

La cuestión es que en toda situación hay siempre dos elementos en el lenguaje del cuerpo: el envío del mensaje y la recepción del mensaje. Si Allen hubiera podido recibir correctamente los mensajes en los términos de una gran ciudad, se hubiera ahorrado el disgusto del primer encuentro y hubiera evitado sentirse inseguro en el segundo.

Tocar o no tocar

El lenguaje del cuerpo, además de emitir y recibir mensajes, si es bien comprendido y empleado con habilidad puede servir también para romper las defensas ajenas. Un hombre de negocios empeñado en concluir un trato muy ventajoso advirtió en cierto momento que había interpretado mal las señales.

«Era un negocio», dijo, «que hubiera sido provechoso tanto para mí como para Tom. Tom había venido a Salt Lalke City desde Bountiful, pueblo que geográficamente se halla bastante cerca, pero culturalmente a muchos kilómetros de distancia. Es un pueblecito insignificante, y Tom estaba convencido de que todo el mundo en la gran ciudad iba a pretender engañarle. Creo que en el fondo sabía que el trato era conveniente para ambos, pero no era capaz de confiar en mí cuando me acerqué. Yo era un hombre de negocios de una gran ciudad, que los manejaba desde arriba en un vasto círculo, mientras él era el muchacho sin importancia que acabaría cayendo en una trampa».

«Traté de alejar esta imagen del hombre de negocios de la gran ciudad pasando mi brazo alrededor de sus hombros. Y este maldito acercamiento lo arruinó todo.»

Lo que había hecho mi amigo comerciante era violar la barrera de defensas de Tom con una actitud expresiva no verbal para la cual no había aún preparado los fundamentos. En el lenguaje del cuerpo estaba tratando de decir: «Confíe en mí. Podemos establecer el contacto». Pero sólo logró cometer un asalto no verbal. Al no tener en cuenta las defensas de Tom, el apresurado comerciante arruinó el negocio.

En general el más rápido y evidente tipo de lenguaje corporal es el contacto. El contacto de la mano, o de un brazo alrededor de los hombros de alguien, puede expresar un más ávido y directo mensaje que decenas de palabras. Pero este contacto tiene que producirse en el momento y el contexto justos.

Tarde o temprano todo muchacho aprende que tocar a una joven en el mal momento puede llevarla a un brusco rechazo.

Hay personas que compulsivamente «tocan», que parecen totalmente impermeables a todos los mensajes que les mandan amigos o compañeros. Son individuos que tocan y acarician a los otros mientras éstos los bombardean en lenguaje corporal con sugestiones de que no lo hagan.

Un toque de soledad

Sin embargo, tocar o acariciar puede ser en sí mismo una verdadera señal. Tocar un objeto inanimado puede significar una clamorosa y urgente señal, una súplica de comprensión. Tomemos el caso de tía Grace. Esta anciana mujer se había convertido en el centro de una discusión familiar. A algunos miembros de la familia les parecía que estaría mejor en una clínica cercana, agradable y bien administrada, donde tendría quien la cuidara y, también, más compañía.

El resto de la familia era de la opinión de que esto era lo mismo que «apartarla» de todos. Tenía buenas rentas y un apartamento agradable y podía todavía manejarse muy bien sola. ¿Por qué no iba a seguir viviendo donde estaba y disfrutando de su independencia y libertad?

Tía Grace no aportaba, ella misma, nada a la discusión. Estaba sentada en medio del grupo familiar, acariciando su collar y, con un movimiento de cabeza, concordaba con lo que decían; luego, tomando en la mano un pequeño pisapapeles de alabastro lo acariciaba, deslizaba la mano por la pana del diván y tocaba la madera trabajada.

«Que decida la familia», decía con suavidad. «No quiero ser un problema para nadie».

La familia no sabía qué decidir y continuaba discutiendo el problema mientras tía Grace seguía acariciando todos los objetos que estaban al alcance de su mano.

Hasta que, al final, la familia comprendió el mensaje. Era muy evidente. Lo extraordinario era que nadie lo hubiera comprendido en seguida. Tía Grace había empezado a acariciar los objetos desde que vivía sola. Tocaba y acariciaba todo lo que tenía al alcance. Toda la familia lo sabía, pero fue sólo en ese momento cuando, uno por uno, se dieron cuenta de lo que significaban esas caricias: les estaba diciendo en lenguaje corporal: «Yo me siento sola. Tengo hambre de compañía. ¡Ayúdenme!».

Tía Grace fue a vivir con una sobrina y un sobrino, y allí se convirtió en una mujer diferente.

Como tía Grace, todos, de diversas maneras, enviamos pequeños mensajes al mundo. Decimos: «Ayúdenme, me siento solo. Tómenme. Estoy dispuesto. Déjenme solo. Estoy deprimido». Y pocas veces enviamos conscientemente estos mensajes. Representamos nuestro estado de ánimo con lenguaje corporal, no verbal. Al dudar de algo, levantamos una ceja. Al sentirnos perplejos, nos rascamos la nariz. Cruzamos los brazos para aislarnos o protegernos. Levantamos los hombros en señal de indiferencia, guiñamos el ojo en señal de intimidad, chascamos los dedos por impaciencia, nos golpeamos la frente por un olvido. Hay un sinnúmero de gestos, y si algunos son deliberados y otros casi deliberados, algunos como rascarse la nariz por perplejidad o cruzarnos de brazos para protegernos, son casi inconscientes. El estudio del lenguaje corporal es un estudio de la mezcla de todos los movimientos del cuerpo, desde los más deliberados hasta los totalmente inconscientes, desde los que corresponden a una cultura particular hasta los que cruzan todas las barreras culturales.

DE LOS ANIMALES
Y SU TERRITORIO

La batalla simbólica

Sólo ahora se empieza a comprender la relación entre la comunicación humana y la comunicación animal. Muchos puntos de vista nuestros sobre la comunicación no verbal provienen de experimentos con animales. Los pájaros se comunican entre sí por medio del canto, cantando las sucesivas generaciones la misma serie de notas, la misma melodía sencilla o complicada. Durante muchos años los científicos supusieron que estas notas, estos cantos de pájaros, eran algo hereditario como el lenguaje del marsuino, el lenguaje de las danzas de ciertas abejas y la «conversación» de los sapos.

Ahora, sin embargo, hay algunas dudas de que sea exactamente así. Ciertas experiencias parecen indicar que los cantos de los pájaros son aprendidos. Algunos científicos criaron pájaros lejos de los de su especie, y estos pajaritos ya nunca pudieron reproducir los cantos típicos de su especie.

Los científicos que criaron estos pájaros pudieron, en realidad, enseñarles parte de una canción popular para sustituir el canto de la especie. Si fuesen dejados en libertad, estos pájaros nunca podrían aparearse, pues el canto de los pájaros se halla implicado en el proceso del apareamiento.

Otro tipo de conducta animal, que durante mucho tiempo se supuso que era instintiva, es la lucha simbólica de los perros. Cuando dos perros machos se encuentran, pueden reaccionar de diversas maneras, pero lo corriente es la simulación con gruñidos y mordiscos de una lucha a muerte. El observador no iniciado quedará alarmado ante esta conducta y tal vez trate de separar a los animales aparentemente furiosos. El dueño de un perro, que sabe lo que ocurre, se quedará mirando la escena, pues se da cuenta de hasta qué punto la lucha es simbólica.

Esto no quiere decir que la lucha no sea real. Lo es. Los dos animales compiten por el poder. Uno dominará porque es más agresivo, tal vez más fuerte y con mayor empuje que el otro. La lucha termina en el momento en que ambos perros se dan cuenta de que uno de ellos es el vencedor, aunque la piel de ambos quede intacta. Entonces ocurre algo curioso. El vencido se acuesta, se da vuelta y expone su garganta al vencedor.

Frente a esta entrega, el vencedor reacciona pisando sencillamente el vencido, mostrando los colmillos y gruñendo durante cierto lapso de tiempo. Luego ambos saltan y la batalla se olvida.

A través de un procedimiento no verbal, se ha desarrollado una escena. El vencido dice: «Lo admito. Eres el más fuerte y pongo a tu disposición mi vulnerable garganta».

El vencedor dice: «En efecto, soy el más fuerte, gruñiré y mostraré mi fuerza, pero ahora levantémonos y juguemos».

Al margen de lo que antecede, es curioso advertir que en casi ninguna de las especies de animales superiores un miembro de dicha especie mata a otro por razón alguna, aunque pueden luchar entre sí por muchas razones. Entre los corzos, en la época del apareamiento, estas luchas semisimbólicas pueden llegar a ser verdaderas batallas pero luego, de modo curioso, los animales se pondrán a atacar a los árboles en lugar de atacar a sus rivales.

Algunos pájaros, después de enfadarse y batir las alas en un furioso preludio de batalla, darán la discusión por terminada dedicándose empeñosamente a la construcción del nido. Los antílopes trabarán cuernos y lucharán por la superioridad, pero por más furiosa que sea la lucha, no terminará con la muerte, sino con una derrota ritual. Los animales han aprendido el arte de representar sus relaciones en una especie de charada que es prima hermana del lenguaje del cuerpo.

El punto en discusión respecto de esta conducta de batalla simbólica de perros y otros animales es si este tipo de comunicación es heredado, como un instinto, grabado en el patrón genético de la especie y transmitido de generación en generación o es algo aprendido individualmente por el animal.

Ya mencioné que en algunas especies de pájaros cantores el canto tiene que ser aprendido; sin embargo, hay otras en que el canto es realmente instintivo. Los pardillos aprenden sus cantos, mientras los verderones de los cañaverales heredan la capacidad de cantar el canto característico de la especie tengan o no contacto con otros verderones durante el crecimiento. Hay que cuidarse de generalizar al estudiar la conducta de los animales. Lo que es cierto respecto de una especie de pájaros, no lo es respecto de otra. Lo que es verdad respecto de los animales, no lo es necesariamente respecto del hombre. La simbólica batalla de los perros es considerada por muchos hombres de ciencia algo heredado, y sin embargo un entrenador de perros me aseguró que esta conducta es aprendida.

«Observe a una perra madre cuando sus cachorros se están arañando. Si uno triunfa y trata de llevar la victoria al punto de hacer daño al otro, la madre inmediatamente le pegará hasta que vuelva a la neutralidad, enseñándole a respetar la derrota del hermano. No, el perro tiene que aprender la conducta simbólica.»

Por otra parte hay perros, como los perros esquimales de Groenlandia, que al parecer tienen una tremenda dificultad para aprender una conducta simbólica. Niko Tinbergen, el naturalista holandés, dice que esos perros poseen territorios delimitados para cada muta. Los cachorros machos violan continuamente los límites de esos territorios y son constantemente castigados por los machos más viejos que establecieron esos límites. Los cachorros, sin embargo, al parecer, no aprenden nunca dónde se hallan los límites. Es decir, hasta que lleguen a la madurez sexual.

El lenguaje del cuerpo

A partir del momento de la primera cópula se dan cuenta de golpe de cuáles son los límites exactos. ¿Se trata de un proceso de aprendizaje que se refuerza a través de los años y que súbitamente se cristaliza? ¿O es un proceso instintivo que sólo se desarrolla con la madurez sexual?

¿Podemos heredar un lenguaje?

Lo hereditario del instinto no es una cuestión sencilla, y tampoco lo es el procedimiento del aprendizaje. Es difícil determinar exactamente en qué medida un sistema cualquiera de comunicación es heredado, y en qué medida es aprendido. Aun en los seres humanos, no toda conducta es aprendida, y no toda conducta es heredada.

Esto nos lleva de vuelta a la comunicación no verbal. ¿Hay gestos y expresiones universales, independientes de toda cultura y verdaderos para todo ser humano en cualquier cultura? ¿Hay cosas que todo ser humano hace y que de algún modo comunican un significado a todos los otros seres humanos, cualesquiera sean su raza, color, credo o cultura?

En otras palabras, ¿una sonrisa implica siempre el agrado? ¿El ceño fruncido, el desagrado? ¿Cuando se mueve la cabeza de un lado a otro, significa siempre no? ¿Cuando se la mueve de arriba a abajo, significa siempre sí? ¿Son estos movimientos universales para todos y, si lo son, es la capacidad de hacer estos movimientos en respuesta a una determinada emoción algo heredado?

Si pudiéramos encontrar un juego completo de gestos heredados entonces nuestra comunicación no verbal podría ser semejante al lenguaje del marsuino o al lenguaje no verbal de la abeja que es capaz, por medio de ciertos movimientos definidos, de llevar toda la población de la colmena a una fuente de miel recién descubierta. Estos son movimientos heredados que la abeja no necesita aprender.

¿Tenemos nosotros alguna forma heredada de comunicación?

Darwin creía que las expresiones faciales de emoción eran semejantes en todos los humanos, cualquiera que fuese su cultura. El fundamento de su convicción se hallaba en el hecho de que el origen del hombre era la evolución. Sin embargo, al comenzar la década de 1950 dos investigadores, Bruner y Taguiri, escribieron después de treinta años de estudios, que las mejores investigaciones realizadas indicaban que no había patrones invariables que acompañasen emociones específicas.

Y, catorce años después, tres investigadores, Ekman, Friesen (del Instituto de Neuropsiquiatría Langley Porter de California) y Sorensen (del Instituto Nacional de Enfermedades y Ceguera Neuróticas) verificaron que las nuevas investigaciones probaban la antigua opinión de Darwin.

Habían realizado estudios en Nueva Guinea, Borneo, los Estados Unidos, Brasil y Japón, cinco culturas totalmente distintas en tres continentes y descubrieron lo siguiente: «Observadores pertenecientes a estas culturas reconocen algunas emociones cuando se les muestra un juego estándar de fotografías faciales».

Según los tres científicos, esto se halla en contradicción con la teoría que sostiene que las emociones reflejadas en los rostros son el resultado de un aprendizaje social. Creen también que hay en general acuerdo dentro de determinada cultura al reconocer distintos estados emocionales.

La razón que dan de esta universalidad de reconocimiento se halla sólo indirectamente vinculada con la herencia. Citan una teoría que postula la existencia de «...innatos programas subcorticales que vinculan ciertos elementos evocativos a expresiones faciales universalmente perceptibles correspondientes a cada una de las emociones primarias: interés, alegría, sorpresa, miedo, enojo, angustia, desagrado, desprecio y vergüenza».

Lo que quiero decir, en palabras más sencillas, es que el cerebro de todos los hombres está programado para levantar las extremidades de la boca cuando se sienten felices, volverlas hacia abajo cuando se hallan descontentos, fruncir la frente, levantar las cejas, levantar un lado de la boca, y así sucesivamente según la sensación que llega al cerebro.

Por otra parte, mencionan otras expresiones y normas culturalmente variables, aprendidas en los primeros años de vida.

«Estas normas», dicen, «determinan lo que hay que hacer en relación con la manifestación de cada sensación o sentimiento en los diversos ambientes sociales; varían con el papel social a desempeñar y las características demográficas, y deben de variar asimismo de una cultura a otra».

El estudio que los tres llevaron a cabo trató, en la medida de lo posible, de evitar el condicionamiento que la cultura impone. La difusión de la televisión, el cine y el material de lectura lo hace difícil, pero los investigadores superaron en gran parte este problema estudiando regiones aisladas y, donde fue posible, sociedades iletradas.

Su trabajo, al parecer, prueba que podemos heredar en nuestra constitución genética ciertas reacciones físicas básicas. Nacemos con los elementos de una comunicación no verbal. Podemos dar a conocer a otro ser humano sensaciones básicas de odio, miedo, agrado, tristeza, etc., sin haber nunca aprendido cómo hacerlo.

Por supuesto, esto no se halla en contradicción con el hecho de que tenemos también que aprender muchos gestos que significan una cosa en una determinada sociedad y otra cosa en otra sociedad. Nosotros, en el mundo occidental, movemos la cabeza de un lado a otro para significar no y de arriba a abajo para significar sí, pero hay sociedades en la India que hacen exactamente lo contrario. De arriba a abajo significa no, y de un lado a otro significa sí.

Podemos comprender entonces que nuestro lenguaje no verbal es en parte instintivo, en parte enseñado y en parte imitativo. Después veremos lo importante que resulta este elemento imitativo en la comunicación no verbal y en la verbal.

«El imperativo del territorio»

Una de las cosas que se heredan genéticamente es el sentido del territorio. Robert Ardrey escribió un libro fascinante, *El Imperativo del Territorio*, en el que estudia este sentido territorial en el reino animal y en el hombre. En este libro analiza el jalonamiento y la defensa de territorios por animales, pájaros, ciervos, peces y primates.

Para algunas especies los territorios son temporales, y cambian con cada estación. Para otras especies animales son permanentes. Ardrey sostiene eficazmente la hipótesis de que «la naturaleza territorial del hombre es genética y es imposible desarraigarla».

Apoyándose en sus extensas observaciones de los animales, describe un código innato de conducta en el mundo animal que vincula la reproducción sexual a la defensa del territorio. La clave del código, según cree, es el territorio, y el imperativo territorial es el impulso que lleva a los animales y al hombre a tomar y defender determinada área.

Puede haber en todo hombre un impulso a poseer y defender un territorio, y puede muy bien ser que gran parte de este impulso sea innato. Sin embargo, no podemos siempre atribuir indistintamente a hombres o animales nuestras conclusiones.

El imperativo territorial puede existir en todos los animales y en algunos hombres. Puede ser reforzado por la cultura en algunos de estos hombres y debilitado en otros.

Pero no cabe duda de que hay una necesidad territorial en los seres humanos. Hasta qué punto es imperativa es lo que cabe preguntarse. Una de las más espantosas piezas teatrales de la actualidad es *Home*, de Megan Terry.

Presenta un mundo del futuro en el que la explosión demográfica hizo descartar toda idea de territorio. Todos los hombres viven en celdas en una gigantesca colmena metálica que abarca todo el planeta. Viven todas sus vidas, confinados por familias en una sola pieza, sin ver nunca el cielo, la tierra u otra celda.

En este profético cuento de horror, el territorio fue totalmente abolido. Esto es tal vez lo que da a la pieza la violencia de su impacto. En nuestras ciudades modernas, al parecer, nos movemos hacia la abolición del territorio. Encontramos familias amontonadas y encajonadas en habitaciones que se superponen unas a otras hasta vertiginosas alturas. Viajamos en ascensores apretados unos contra otros, y en metros tan estrujados que no podemos mover nuestros brazos y piernas. No hemos todavía comprendido plenamente qué es lo que le ocurre al hombre cuando se halla privado de todo derecho territorial.

Sabemos que el hombre tiene un sentido del territorio, la necesidad de una capa de territorio alrededor de sí mismo. Esta capa puede variar de la ajustada cáscara del habitante de la ciudad, a la burbuja algo más amplia del jardín y la casa del suburbano y a los amplios espacios libres de que disfruta el hombre del campo.

Cuánto espacio necesita un hombre

No sabemos cuánto espacio es necesario para cada hombre, pero lo que importa en nuestro análisis del lenguaje corporal es lo que le ocurre a cualquier individuo cuando su cáscara de espacio o territorio es amenazada o destruida. ¿Cómo contesta a la agresión, cómo la defiende, o cómo cede?

No hace mucho almorcé con un amigo psiquiatra. Nos sentamos a una pequeña mesa de estilo en un restaurante agradable. En determinado momento sacó del bolsillo un paquete de cigarrillos, encendió uno, extendió el brazo hasta tres cuartas partes del ancho de la mesa y colocó el paquete delante de mi plato.

Continuó hablando y yo continué escuchando, pero me sentía perturbado, de un modo algo inexplicable, y aún más perturbado cuando movió sus cubiertos, poniéndolos en línea con sus cigarrillos, cada vez más cerca de mi lado de la mesa. Luego, inclinándose sobre la mesa él mismo, trató de exponer una cuestión. Era algo que yo mal podía apreciar, dada mi incomodidad.

Finalmente se apiadó de mí y dijo: «Acabo de ofrecerle una demostración de una etapa básica del lenguaje corporal, es decir de la comunicación no verbal».

Sorprendido, pregunté: «¿Qué era eso?».

«Agresivamente, le amenacé y le desafié. Le puse en la necesidad de afirmarse, y eso le molestó.»

Aún sin comprender, pregunté: «Pero, ¿cómo? ¿Qué hizo usted?».

«Para empezar, moví mis cigarrillos» explicó. «Según una norma tácita, habíamos dividido la mesa en dos partes, la mitad para usted y la mitad para mí.»

«Yo no tenía conciencia de semejante división.»

«Por supuesto que no. Pero la norma queda en pie. Ambos proyectamos mentalmente un territorio. Normalmente habríamos dividido la mesa según un orden tácito y civilizado. Sin embargo, yo moví deliberadamente mis cigarrillos hácia su área con evidente falta de tacto. Sin darse cuenta de lo que yo había hecho, usted se sintió, sin embargo, amenazado, se sintió incómodo, y cuando yo proseguí con otro ataque a su territorio, empujando mi plato y mis cubiertos y luego avanzando yo mismo, usted se sintió todavía más incómodo aunque no sabía por qué.»

Fue mi primera demostración del hecho de que cada uno de nosotros posee zonas de territorio. Llevamos con nosotros estas zonas y reaccionamos de diversas maneras a su invasión. Desde entonces he probado esta técnica de penetrar en la zona de alguien cuando esa persona no tenía conciencia de lo que yo estaba haciendo.

Otra noche, a la hora de la cena, mi mujer y yo compartimos una mesa con otra pareja en un restaurante italiano. Experimentalmente, moví la botella de vino hacia la «zona» de mi amigo. Luego, despacio, sin dejar de hablar, continué mi intrusión, cambiando de posición el vaso de vino y la servilleta en su zona. Incómodo, se movió en la silla, la cambió de lugar, reordenó su plato, su servilleta y, finalmente, con un movimiento brusco y casi compulsivo, puso la botella de vino en su sitio.

Había reaccionado defendiendo su zona y desquitándose con represalias.

En este juego de salón destacan algunos hechos básicos. Por más apiñados que se hallen los seres humanos en el área en que viven, cada uno de nosotros mantiene a su alrededor una zona o territorio, un área inviolada que tratamos de conservar. Cómo defendemos este área, cómo reaccionamos frente a la invasión, y asimismo cómo avanzamos en los territorios ajenos, todo ello puede ser observado y catalogado y en muchos casos empleado de modo constructivo. Son elementos de comunicación no verbal. Esta defensa de zonas es uno de los principios básicos.

Nuestra manera de defender nuestra zona y nuestra manera de agredir la de los demás son parte integrante de nuestra manera de relacionarnos con los otros.

CÓMO MANEJAMOS
EL ESPACIO

Un espacio que podemos considerar nuestro

Entre los cuáqueros se cuenta la historia de un amigo de la ciudad que visitó la Casa de Reuniones de una pequeña villa. Aunque estuviera fuera de uso, era arquitectónicamente un lindo edificio, y el cuáquero de la ciudad resolvió volver a visitarlo a la hora de la reunión del domingo, aunque le dijeran que solamente uno o dos cuáqueros todavía asistían allí a la ceremonia.

El domingo entró en el edificio y encontró el salón de reunión completamente vacío, el sol de la mañana penetrando por las viejas ventanas de doce paneles, las hileras de bancos silenciosas y desocupadas.

Se deslizó en un asiento y quedó allí, dejándose llenar de silencio y paz. Súbitamente oyó una leve tos y, mirando hacia arriba, vio a un cuáquero barbudo de pie cerca de su banco, un viejo que bien pudiera haber salido de las páginas de la historia.

Sonrió, pero el viejo cuáquero frunció el ceño y volvió a toser; luego dijo: «Perdón si le molesto, pero usted está sentado en mi lugar».

La singular insistencia del viejo en recuperar su espacio propio, pese a que la casa estaba totalmente vacía, es divertida, y a la vez algo auténtico. Siempre que se va a determinada iglesia durante algún tiempo, se acaba por elegir un lugar propio.

En su propia casa, el Padre tiene su silla particular, y aunque tolere que un visitante la ocupe, es de mal grado. La Madre tiene su propia cocina, y no le gusta nada que su madre cuando viene a visitarla se adueñe de «su» cocina.

La gente tiene su asiento preferido en el tren, su banco preferido en el parque, su silla preferida en las conferencias, etc. Todo ello por la necesidad de un territorio, de un lugar que uno pueda considerar suyo. Es quizás una necesidad innata universal, aunque la sociedad y la cultura le dan una gran diversidad de formas. Una oficina puede ser adecuada para el hombre que allí trabaja o puede ser demasiado pequeña, no según el verdadero tamaño de la pieza, sino según se hallen colocados el escritorio y la silla. Si el ocupante puede reclinarse hacia atrás sin tocar la pared o una biblioteca, le parecerá en general suficientemente grande. Pero si en una pieza más amplia su escritorio se halla colocado de modo que toca la pared cuando se reclina, desde su punto de vista la oficina le parecerá un constreñimiento.

Una ciencia denominada proxémica

El doctor Edward T. Hall, profesor de antropología en la North Western University, ha quedado fascinado por las relaciones del hombre con el espacio que le rodea, por la forma en que utiliza ese espacio y la forma en que su utilización del espacio comunica ciertos hechos y señales a otros hombres. Al estudiar el espacio personal del hombre, acuñó la palabra *proxémica*, que abarca sus teorías y observaciones sobre las zonas de los territorios y cómo las utilizamos.

El modo en que el hombre utiliza el espacio, sostiene el doctor Hall, influye en su capacidad de relacionarse con otros, de sentirlos cercanos o lejanos. Todo hombre, afirma, tiene sus propias necesidades territoriales. El doctor Hall subdividió esas necesidades en un intento de estandarizar la ciencia de la proxémica y estableció cuatro zonas distintas en que la mayor parte de los hombres actúan.

Las clasificó del siguiente modo: 1) distancia íntima; 2) distancia personal; 3) distancia social; y 4) distancia pública.

Como se puede ver, las zonas representan sencillamente las distintas áreas en que nos movemos, áreas que crecen a medida que la intimidad decrece. La distancia íntima puede ser *cercana*, es decir de contacto real, o *lejana*, de 15 a 45 centímetros. La fase cercana de la distancia íntima corresponde a hacer el amor, a amistades muy íntimas y a los niños que se agarran a sus padres o a otros niños.

Cuando se está a una distancia *íntima cercana*, se es irresistiblemente consciente del parcero. Por esta razón, si semejante contacto tiene lugar entre dos hombres, resulta embarazoso e incómodo. Es muy natural entre un hombre y una mujer en términos de intimidad. Cuando un hombre y una mujer no se hallan en términos íntimos, la situación de intimidad cercana puede resultar embarazosa.

Entre dos mujeres en nuestra cultura, un estado de intimidad cercana es aceptable, mientras en una cultura árabe dicho estado es aceptable entre dos hombres. Los hombres frecuentemente caminan tomados de la mano en tierras árabes y mediterráneas.

La fase lejana de la distancia íntima es todavía lo bastante cercana para permitir que se tomen las manos, pero no es considerada una distancia aceptable entre dos hombres adultos norteamericanos. Cuando en un metro o un ascensor se hallan apiñados, automáticamente observarán ciertas normas rígidas de conducta, y al hacerlo se comunicarán con sus vecinos.

Se mantendrán tan rígidos como sea posible, tratando de no tocar en parte alguna a sus vecinos. Si lo hacen, se retirarán o endurecerán los músculos en la parte que se halla en contacto. Esto quiere decir: «Pido disculpas por penetrar en su espacio, pero es por fuerza de las circunstancias, por supuesto respetaré su aislamiento y no admitiré que nada íntimo derive de esto».

Si, por otra parte, en semejante situación relajaran sus cuerpos y los dejaran moverse libremente contra los cuerpos vecinos y disfrutaran realmente del contacto y el calor del cuerpo, cometerían el peor desatino social.

Muchas veces he visto a una mujer en un metro apiñado dirigirse a un hombre aparentemente inocente y gruñir: «¡No haga eso!» sólo porque el hombre olvidó las normas y aflojó el cuerpo apoyándose en ella. Las protestas son aún peores cuando el hombre se abandona contra otro hombre.

Tampoco debemos en un autobús o ascensor apiñado mirar fijamente. Hay un intervalo de tiempo determinado durante el cual podemos mirar y luego hay que apartar la mirada. El incauto que tarda más tiempo del permitido se arriesga a toda clase de desagradables consecuencias.

Bajé recientemente en el ascensor de un gran edificio de oficinas junto con un amigo. Una joven muy atractiva subió en el piso catorce, y mi amigo la miró distraídamente, pero de lleno. Ella se fue poniendo más y más roja y, cuando el ascensor paró en el vestíbulo, se dio la vuelta y le dijo: «¿Nunca ha visto una chica, viejo verde?».

Mi amigo, de treinta y pocos años, me miró pasmado, mientras ella salía furiosa del ascensor, y preguntó, «¿Pero qué he hecho yo? Dime, ¿qué diablos he hecho yo?».

Lo que había hecho era romper una norma esencial de la comunicación no verbal. «Mire y deslice su mirada hacia otra parte cuando se halle en contacto íntimo lejano con un extraño».

La segunda zona del territorio codificada por el doctor Hall se denomina zona de distancia *personal*. Aquí también distingue dos áreas, una distancia *personal cercana* y una distancia *personal lejana*. El área cercana es de 45 a 75 centímetros. Es aún posible tomar la mano del compañero a esa distancia.

En cuanto a su significación, se observa que la mujer puede quedarse dentro de esa zona de distancia personal cercana del marido, pero si otra mujer se mueve en esta zona cabe presumir que tiene intenciones a su respecto. Sin embargo, esa es evidentemente la distancia cómoda en los cócteles. Permite cierta intimidad y circunscribe más bien una zona íntima que una zona personal. Pero, puesto que esto es sólo una tentativa del doctor Hall de estandarizar una ciencia en infancia, puede aún haber muchas rectificaciones antes de que la proxémica levante el vuelo.

La fase lejana de la distancia personal es situada por el doctor Hall desde 75 a 120 centímetros y la considera el límite de la dominación física. Ya no es posible tocar cómodamente al compañero desde esa distancia, lo que brinda cierta privacidad a cualquier encuentro. Pero la distancia es lo bastante cercana para que pueda mantenerse una conversación hasta cierto punto personal. Cuando dos personas se encuentran en la calle generalmente se detienen a esa distancia para charlar. En una reunión, tienden a acercarse a la fase cercana de distancia personal.

Una gran variedad de mensajes se transmiten por el hecho de darse esta distancia, que van de «Lo mantengo a distancia del brazo» hasta «Lo he elegido para que quedara un poco más cerca que los otros invitados». Acercarse demasiado cuando la relación es la *personal lejana* es considerado entrometerse o, según sean los acuerdos sexuales, la señal de una preferencia personal. Con la distancia que se mantenga se hace una declaración, pero para que la declaración signifique algo tiene que ser captada.

El espacio social y público

La distancia *social* tiene también una fase cercana y una fase lejana. La fase *cercana* va de 120 a 210 centímetros y es la distancia a la que generalmente se llevan a cabo las impersonales transacciones comerciales. Es la distancia que adoptamos cuando, en tren de trabajo, vemos al cliente que está de paso en la ciudad, al nuevo director artístico o al jefe de la oficina. Es la distancia que el ama de casa guarda respecto al lampista que viene a hacer arreglos, al empleado de la tienda o al muchacho de los recados. Puede adoptarse esta distancia en una reunión social cualquiera, pero puede asimismo ser una distancia manipuladora.

Un jefe emplea justamente esta distancia para dominar a un empleado que se halla sentado –una secretaria o una recepcionista. A un empleado, trata de mirarlo desde arriba y ganar altura y fuerza. Está en realidad reforzando la situación «trabajas para mí», sin tener jamás que decirlo verbalmente.

La fase *lejana* de la distancia social, de 210 a 360 centímetros, corresponde a relaciones sociales o de negocios más formales. El «jefe importante» tendrá un escritorio lo bastante grande como para que le coloque a esas distancias de sus empleados. Puede asimismo quedar sentado a esta distancia y mirar al empleado sin pérdida de *status*. El hombre entero queda expuesto a su vista.

Volviendo a la mirada, a esta distancia no es adecuado mirar rápidamente y desviar la vista. El único contacto existente es visual y la tradición establece que hay que sostener la mirada de alguien mientras dura la conversación. No hacerlo es lo mismo que excluirlo de la conversación, según el doctor Hall.

En cuanto a su aspecto positivo, esta distancia permite cierta protección. Es posible seguir trabajando a esa distancia sin ser mal educado, y es posible dejar de trabajar y conversar. En las oficinas es necesario preservar esta distancia social lejana entre la recepcionista y el visitante para que ella pueda seguir trabajando sin verse obligada a conversar con él. A una menor distancia, ello resultaría descortés.

Por la noche, en su casa, el marido y la mujer asumen esta distancia social lejana para distenderse. Pueden así conversar si lo desean o sencillamente leer en lugar de conversar. El aspecto impersonal de este tipo de distancia social se vuelve imperativo cuando viven juntos los miembros de una familia numerosa, pero a menudo la familia se halla dispuesta para esta cortés separación y habría que hacerla acercarse para que tuviera una velada más íntima.

Finalmente, el doctor Hall menciona una distancia *pública* como la máxima extensión de nuestros límites territoriales. Una vez más tenemos una fase cercana y una fase lejana, lo que nos hace observar que podrían haberse establecido ocho en lugar de cuatro distancias. Pero aquí las distancias se establecen de acuerdo con la interacción humana, no con medidas precisas.

La fase cercana de la distancia pública va de 360 a 750 centímetros y corresponde a reuniones poco formales, como el discurso de un profesor en una sala de estudiantes, o de un jefe en una conferencia de trabajadores. La fase *lejana* de la distancia pública de 750 centímetros o más, está reservada en general a los políticos, en cuyo caso la distancia es un factor de seguridad, como ocurre con los animales. Ciertas especies animales dejan que el hombre se acerque hasta esa distancia antes de retirarse.

En el caso de los animales hay siempre el peligro de una mala interpretación del verdadero sentido de la distancia y de las zonas territoriales. Típico ejemplo de ello es el caso del león y el domador. Un león se apartará siempre de un ser humano cuando éste se le acerque demasiado y penetre en su zona de «peligro». Pero cuando no puede retroceder y el hombre sigue avanzando, el león se dará vuelta y se acercará al hombre.

El domador aprovecha esta disposición y camina hacia el león dentro de la jaula. El animal se repliega, de acuerdo a su naturaleza, hacia el fondo de la jaula a medida que el domador avanza. Cuando el león ya no puede seguir retirándose, y siempre de acuerdo con su naturaleza, avanza hacia el domador con un gruñido. Avanza invariablemente en línea recta. El domador, aprovechando esta particularidad, coloca la plataforma del león entre él y el león. El león, al acercarse en línea recta, sube a la plataforma para lanzarse sobre el domador. En este momento, el domador rápidamente se vuelve atrás, saliendo de la zona de peligro del león, y el león deja de avanzar.

Los espectadores al ver esto interpretan el arma que el domador empuña, el látigo y la silla, en términos de sus propias necesidades y fantasías. Tienen la sensación de que el domador mantiene a raya una peligrosa fiera. Esta es la comunicación no verbal de la situación en su conjunto. Esto, en lenguaje corporal, es lo que el domador está tratando de decirnos. Pero en este caso el lenguaje corporal miente.

En realidad, el diálogo entre el león y el domador es como sigue: –León: «Salga de mi esfera o lo atacaré». Domador: «Estoy fuera de su esfera». León: «Muy bien. Me quedaré aquí».

No importa dónde sea el *aquí*. El domador arregló las cosas para que el *aquí* sea el tope de la plataforma del león.

Del mismo modo, la esfera pública lejana del político o del actor en un escenario contiene algunas declaraciones de lenguaje corporal que se utilizan para impresionar a la audiencia, y no necesariamente para decir la verdad.

Es a esta distancia pública lejana a la que resulta difícil decir la verdad, o dicho de otro modo, es a esta distancia pública lejana a la que es más fácil mentir con los movimientos del cuerpo. Los actores bien lo saben y durante siglos utilizaron la distancia entre escenario y público para crear ciertas ilusiones.

A esta distancia, los gestos del actor tienen que ser estilizados, afectados, y mucho más simbólicos que cuando se hallen a distancias íntimas, sociales o públicas más cercanas.

En la pantalla de televisión, como en el cine, la combinación de las tomas de lejos y de cerca exigen todavía un tipo más de lenguaje corporal. Un movimiento del párpado o de la ceja, o un temblor del labio en un *close-up* puede transmitir tanto mensaje como un gran movimiento del brazo o del cuerpo entero en una toma lejana.

En un *close-up* los grandes movimientos se pierden. Y ésta puede ser una de las razones de que los actores de televisión y de cine tengan tanta dificultad para adaptarse al escenario teatral.

El escenario exige muchas veces una actitud rígida y amanerada al actuar a causa de la distancia entre los actores y los espectadores. Hoy en día, en rebelión contra toda técnica, hay elementos del teatro que tratan de eliminar la distancia pública entre el actor y el escenario.

Por una parte, bajan hasta los espectadores, por otra, los invitan a compartir con ellos el escenario. En estas condiciones el drama tiene que ser mucho menos estructurado. Es imposible tener la seguridad de que los espectadores responderán del modo que se desea. La pieza, por lo tanto, se vuelve algo informe, en general no tiene trama, sino sólo una idea central.

El lenguaje corporal bajo estas circunstancias se vuelve un difícil vehículo para el actor. Por una parte tiene que desistir de los gestos simbólicos que antes empleaba, porque no son eficaces desde tan cerca. No puede contar con el natural lenguaje corporal para transmitir las emociones que desea proyectar por más que «viva» su parte. Tiene por lo tanto que elaborar una nueva serie de símbolos y movimientos estilizados del cuerpo que también mentirán a los espectadores.

Que este mentir en *close-up* resulte más eficaz que el mentir a distancia o desde el proscenio es algo que está por verse. Los gestos desde el proscenio o desde el escenario tradicional fueron refinados por años de práctica. Hay también una vinculación cultural implicada en los gestos del escenario. El teatro kabuki japonés, por ejemplo, tiene sus propios gestos simbólicos refinados, tan inspirados en la cultura del país que más de la mitad de ellos pueden pasar inadvertidos a espectadores occidentales.

Cómo las diferentes culturas manejan el espacio

Hay sin embargo lenguajes corporales que trascienden las líneas culturales. El pequeño vagabundo de Chaplin, en sus films mudos, era lo bastante universal en sus movimientos para llevar a todas las culturas la risa, inclusive las culturas africanas sin sofisticación tecnológica. Sin embargo la cultura es un factor importante en todo lenguaje corporal, particularmente en lo que respecta a las diversas zonas del cuerpo. El doctor Hall analiza las implicaciones transculturales de su proxémica. En Japón, por ejemplo, el amontonarse es una señal de cálida y agradable intimidad. En ciertas situaciones, el doctor Hall cree que los japoneses prefieren apiñarse.

Donald Keene, que escribió *Living Japan*, advierte el hecho de que en la lengua japonesa no existe una palabra que traduzca intimidad. Esto, por supuesto, no significa que no exista el concepto de intimidad. La intimidad del japonés existe en términos de su casa. El considera este área como propia y le disgusta la intrusión en ella. El hecho de que se amontone con otras personas no niega su necesidad de espacio vital.

El doctor Hall encara esta situación como un reflejo del concepto japonés del espacio. Cree que los occidentales ven el espacio como una distancia entre los objetos. Para nosotros el espacio es vacío. Los japoneses consideran que la forma y el arreglo del espacio tienen una significación tangible. Esto aparece no sólo en su arreglo de las flores y en el arte, sino además en sus jardines, en los que unidades de espacio se combinan armoniosamente y constituyen un todo integrado.

Como los japoneses, los árabes también son propensos a pegarse los unos a los otros. Pero mientras en público se hallan invariablemente en multitud, en privado, en sus propias casas, los árabes, casi podría decirse, tienen demasiado espacio. Las casas árabes son, si es posible, amplias y vacías, con toda la gente reunida en una pequeña área. Se evitan en general las divisiones entre las habitaciones, porque, pese a su deseo de espacio, los árabes, paradójicamente, no desean estar solos y aun en sus espaciosas casas se amontonan siempre.

La diferencia entre el amontonamiento árabe y la proximidad japonesa es algo profundo. A los árabes les gusta tocar a su compañero, sentirlo y olerlo. Rehusar el aliento del amigo es avergonzarse.

Los japoneses, en su proximidad, conservan una formalidad y una distancia. Consiguen tocar y sin embargo guardar límites rígidos, los árabes dejan de lado esos límites.

Con la cercanía hay en el mundo árabe además el empujar y el compartir que los norteamericanos consideran desagradable. Para un norteamericano hay límites en un lugar público. Cuando hace una cola, cree que su lugar en ella es inviolable. El árabe no tiene concepto alguno de algo privado en un lugar público, y si puede pasar adelante en una fila, se siente perfectamente en su derecho al hacerlo.

Del mismo modo que la falta de una palabra en japonés para significar intimidad o aislamiento señala cierta actitud hacia otras personas, la falta de una palabra en árabe para significar estupro señala cierta actitud hacia el cuerpo. Para un norteamericano el cuerpo es sagrado. Para el árabe, a quien no le importa empujar y hasta pellizcar a las mujeres en público, la violación del cuerpo es cosa de poca monta. Sin embargo, la violación del ego por el insulto es un problema de importancia.

Hall señala que el árabe en ciertas ocasiones necesita estar solo, pese a lo cercano que desea estar de sus compañeros. Para estar solo, corta sencillamente las líneas de comunicación. Se retira, y su retirada es respetada por sus compañeros. El acto de retirarse es interpretado en lenguaje corporal del siguiente modo: «Necesito aislamiento. Aunque me encuentro entre ustedes, les toco y vivo con ustedes, debo retirarme a mi cáscara».

Si los norteamericanos hicieran la experiencia de esta retirada tenderían a considerarla insultante. La retirada sería interpretada en lenguaje corporal como «tratamiento silencioso». Y sería además interpretada como un insulto.

Cuando dos árabes se hablan, se miran intensamente a los ojos. En la cultura norteamericana semejante intensidad de la mirada se exhibe raramente entre hombres. En realidad, dicha intensidad podría interpretarse como un desafío a la masculinidad de un hombre. «No me gustó la manera como me miró, como si quisiera algo personal, como si quisiera hacerse demasiado íntimo», es una típica respuesta norteamericana a una mirada árabe.

El modo de ser del mundo occidental en relación con el espacio

Hasta aquí hemos considerado el lenguaje corporal en términos de diferencias espaciales en culturas dispares, el Oriente y el Oriente Próximo en oposición a Occidente. Sin embargo, aun entre las naciones occidentales hay grandes diferencias. Hay una clara diferencia entre la manera en que, por ejemplo, un alemán maneja su espacio vital y la manera en que lo hace un norteamericano. El norteamericano lleva a todas partes consigo su cáscara de aislamiento de 60 centímetros, y si un amigo le habla de asuntos íntimos, se acercarán lo bastante para que sus particulares cáscaras se sumen. Para un alemán toda una habitación de su propia casa puede ser su cáscara de aislamiento. Si alguien mantiene una conversación íntima en ese cuarto sin incluirlo puede sentirse insultado.

Tal vez, especula Hall, esto ocurre porque, al contrario del árabe, el ego alemán se halla «extraordinariamente expuesto». Hará por lo tanto cualquier cosa para preservar su esfera privada. En la II Guerra Mundial, los prisioneros de guerra alemanes fueron distribuidos a razón de cuatro por choza en un campo militar. Hall observa que, en cuanto pudieron, dividieron su choza para obtener así un espacio privado. En empalizadas al aire libre, los prisioneros alemanes intentaron construir unidades privadas de vivienda.

El «ego expuesto» del alemán puede ser también la causa de la rigidez de postura y de una falta general de movimiento corporal espontáneo. Esta rigidez puede ser una defensa, una máscara, frente al peligro de revelar demasiadas verdades a través de movimientos descuidados.

En Alemania las casas son construidas con la intención de obtener el máximo de intimidad. Los patios están bien protegidos y los balcones ocultos por persianas. Las puertas están invariablemente cerradas. Cuando un árabe desea aislarse, se sume en sí mismo, pero cuando un alemán desea aislarse se retira detrás de una puerta cerrada. Este deseo alemán de aislamiento, de una zona privada bien definida que no se entremeta en la de nadie, queda tipificado en su conducta en filas o colas.

No hace mucho, en un cine de una vecindad germanoamericana esperé en fila para comprar una entrada y escuché la conversación alemana respecto a mi persona mientras nos íbamos adelantando de modo tranquilo y ordenado.

De golpe, cuando ya estaba a pocos pasos de la taquilla, dos jóvenes, que después supe que eran polacos, se dirigieron a la cabeza de la fila y trataron de comprar sus entradas inmediatamente.

Se armó una discusión alrededor de nosotros. «Eh! Hemos estado esperando en la cola. ¿Por qué no lo hacen también ustedes?».

«Es cierto. Pónganse en la cola.»

«¡Vayanse al diablo! Este es un país libre. Nadie les pidió que hiciesen cola», gritó uno de los polacos, forzando el paso hasta la billetería.

«Ustedes hacen cola como carneros», dijo enojado el otro. «Esto es lo malo con ustedes, Krauts.»

La casi riña que siguió a todo esto fue controlada por dos policías, pero, ya en el vestíbulo, me acerqué a los perturbadores de la fila.

«¿Qué estaban ustedes tratando de hacer allí? ¿Armar un alboroto?»

Uno de ellos contestó con sonrisa burlona: «Sólo sacudirles un poco. ¿Por qué hacer cola? Es más fácil dando la vuelta». Descubrir que eran polacos me ayudó a comprender su actitud. Al contrario de los alemanes, que quieren saber exactamente qué derechos tienen, y creen que sólo una obediencia en buen orden a ciertas reglas garantiza una conducta civilizada, los polacos creen que una conducta civilizada consiste en burlarse de la autoridad y de los reglamentos.

El inglés, que es distinto del alemán en su manejo del espacio –siente poco la intimidad de su propio cuarto–, es también distinto del norteamericano. Cuando el norteamericano quiere retirarse, se va por sí mismo. Tal vez a causa de la falta de espacio privado y de la característica educación inglesa de los niños en la *nursery*, el inglés que quiere estar solo es propenso a sumirse en sí mismo, como el árabe.

El lenguaje corporal inglés que dice: «Busco un poco de aislamiento momentáneo» es a menudo interpretado por el norteamericano del siguiente modo: «Estoy enojado con usted y le doy un tratamiento silencioso».

El sistema social inglés obtiene su aislamiento por medio de relaciones cuidadosamente estructuradas. En Norteamérica se habla con el vecino de al lado, a causa de su proximidad. En Inglaterra, el ser el vecino de alguien no es ninguna garantía de que se le ha de conocer y se le ha de hablar.

Es sabida la historia de un joven graduado norteamericano que conoció a una dama inglesa en un transatlántico en que viajaba a Europa. El muchacho fue seducido por la inglesa y vivieron un intenso episodio amoroso.

Un mes después compareció en una gran cena, muy formal, en Londres y entre los invitados reconoció, encantado, a la señora X. Se le acercó y dijo: «¡Hola! ¿Cómo está usted?».

Mirándole desde lo alto de su patricia nariz, la señora X musitó con lentitud: «No creo que hayamos sido presentados».

«Pero...», tartamudeó el joven asombrado, «¿seguramente usted se acuerda de mí?». Y luego, con más audacia, agregó: «Pero si hace un mes dormimos juntos en el viaje».

La señora X contestó con la mayor frialdad: «¿Y qué le hace suponer que eso es una presentación?».

En Inglaterra las relaciones no se establecen en razón de una proximidad física, sino de acuerdo con la situación social. No se es necesariamente amigo del vecino, a menos que ambos pertenezcan al mismo ambiente social. Esto es un hecho cultural, que pertenece al acervo heredado del pueblo británico, pero es también el resultado de la actual aglomeración en que vive. Los franceses también viven aglomerados pero su distinta herencia cultural produjo un resultado cultural distinto. Mientras la aglomeración produjo en los ingleses un respeto de la intimidad fuera de lo común, en los franceses despertó un vivo interés por los demás.

Un francés le mira a los ojos cuando le habla, y lo hace de un modo directo. En las calles de París las mujeres son visualmente examinadas con minuciocidad. Y es un hecho que muchas norteamericanas al volver de París se sienten súbitamente poco apreciadas. El francés con sus miradas emite un mensaje no verbal. «Usted me gusta. Tal vez nunca la conozca ni le hable, pero la aprecio».

Ningún norteamericano mira a una mujer de ese modo. Eso no sería interpretado como aprecio sino como una grosería en un norteamericano.

En Francia la aglomeración es en parte responsable de que los franceses se sientan siempre comprometidos con los demás. Se la considera también responsable de su preocupación por el espacio. Los parques franceses tratan el espacio de modo distinto que los parques norteamericanos. Sienten una verdadera reverencia por sus áreas abiertas, hasta una reverencia, en la ciudad, por la belleza de la arquitectura.

Nosotros reaccionamos frente al espacio de distinto modo. Nueva York es una ciudad de gran aglomeración y a causa de ello hemos desarrollado una necesidad individual de intimidad. El habitante de Nueva York es tradicionalmente conocido por su «actitud poco amistosa» y, sin embargo, nuestra actitud poco amistosa se ha desarrollado por respeto a la intimidad del vecino. No queremos entrometernos en esa intimidad, y por eso nos ignoramos mutuamente en los ascensores, los metros, las aglomeraciones de las calles, etc.

Caminamos dentro de pequeños mundos propios, y cuando estos mundos se ven obligados a juntarse, entramos en un estado catatónico para evitar cualquier mala interpretación de nuestras intenciones.

En lenguaje corporal, gritamos: «Estoy siendo forzado a restregarme contra usted, pero mi rigidez le dice que no pretendo inmiscuirme». Inmiscuirse es el peor pecado. Hable usted a un extraño en el centro de Nueva York y la reacción será de sorpresa y de alarma.

Sólo en momentos de crisis caen las barreras, y entonces nos damos cuenta de que los habitantes de Nueva York no son poco amistosos, sino tímidos y asustadizos. Durante la suspensión del suministro de electricidad del Great Northeast todos se acercaron a los demás para ayudar, tranquilizar y dar ánimos, y durante unas pocas horas cálidas la ciudad fue un lugar lleno de vida.

Entonces volvieron las luces y volvimos a caer en nuestras rígidas zonas de aislamiento.

Fuera de Nueva York, en las pequeñas ciudades norteamericanas, la actitud es más abierta y amistosa. La gente dice «Hola» a los desconocidos, sonríe, y muchas veces conversa. Sin embargo, en pueblos muy pequeños, en que todos se conocen y hay poca posibilidad de aislamiento, el desconocido puede ser tratado con la misma actitud distante que encuentra en una ciudad muy grande.

CUANDO EL ESPACIO
ES INVADIDO

Defender las zonas corporales

A primera vista parece difícil ver con exactitud la relación entre los espacios, las zonas o los territorios corporales y la kinesia o lenguaje corporal. Pero a menos que comprendamos los principios básicos de los territorios individuales no podremos apreciar lo que ocurre cuando esos territorios son invadidos. El modo como reaccionamos a la invasión personal de nuestro territorio se halla muy relacionado con el lenguaje corporal. Tenemos que conocer nuestra propia actitud agresiva y nuestras reacciones a las agresiones ajenas para darnos cuenta de las señales que estamos enviando y recibiendo.

Tal vez la más conmovedora referencia a la inviolabilidad de las zonas corporales se encuentre en la novela escrita hace casi medio siglo por H. DeVere Stacpool, cuyo título es *The Blue Lagoon*. Es la historia de un niño que naufraga con un viejo marinero en una isla tropical. El marinero cría al niño hasta que llega a ser autosuficiente y luego muere. El niño se hace hombre solo, encuentra a una joven polinesia y se enamora de ella. La novela narra la aventura amorosa del muchacho con la joven polinesia que desde la infancia había sido declarada tabú. Creció bajo la prohibición de que ningún hombre la tocara. La lucha entre los dos para vencer su condicionamiento y para que permitiera que él la tocara es un relato fascinante y conmovedor.

Fue su temprano conocimiento de cómo un ser humano puede adoptar una actitud defensiva respecto de sus zonas corporales y de su intimidad personal lo que llevó a Stacpool a explorar ese tema, pero sólo en la última década los científicos empezaron a comprender la compleja significación del espacio personal.

En un precedente capítulo referí el episodio de un psiquiatra que con la ayuda de un paquete de cigarrillos me dio una lección sobre la invasión del espacio personal. Él, a su vez, había aprendido mucho de la reacción de los pacientes en los hospitales para enfermos mentales. Un hospital psiquiátrico es un microcosmos cerrado y, como tal, refleja y exagera las actitudes del mundo exterior. Pero es también un lugar muy especial. Los internados están más sujetos a la sugestión y son más capaces de agresión que los hombres y mujeres normales, y a menudo sus actos alteran los actos de la gente normal.

La agresividad de un paciente mental depende del rango de la persona a quien va dirigida. Es un test de dominio. En cualquier hospital psiquiátrico uno o dos pacientes obtienen un rango superior a través de una conducta agresiva, pero pueden siempre ser acobardados por uno de los asistentes. A su vez el asistente se halla en posición inferior a la enfermera, y ésta está subordinada al médico.

En estas instituciones se desarrolla una verdadera jerarquía, que se refleja en el mundo exterior en organizaciones como el ejército, y en ciertos negocios en que hay un estricto orden de predominio. En el ejército, el predominio se cumple a través de símbolos, galones para los oficiales no comisionados y bandas, hojas, pájaros y estrellas para los comisionados. Pero, aun sin los símbolos, el orden del picotear se mantiene. He visto soldados en las duchas en actitud deferente con los sargentos sin saber quiénes eran, ni qué rango tenían. Los sargentos, por sus maneras y conducta, eran capaces de emitir un evidente mensaje a través del lenguaje corporal.

Consejo a los buscadores de «status»

En el mundo de los negocios, en el que no se emplean galones ni otros símbolos evidentes, esta misma capacidad de emitir cierto sentido de superioridad es lo que distingue a los jefes ejecutivos. ¿Cómo lo hacen? ¿Qué triquiñuelas y artilugios emplean para dominar a los subordinados, y qué triquiñuelas inventan para la lucha dentro de su propio rango?

Dos investigadores intentaron analizarlo en una serie de films mudos. Dos actores desempeñaron los papeles de un jefe ejecutivo y de un visitante, y cambiaron de papeles en diferentes tomas. En la escena aparecía un hombre sentado a su mesa mientras el otro, que desempeñaba el papel del visitante, llamaba a la puerta, la abría y se acercaba a la mesa para tratar algún asunto de negocios.

A los espectadores se les pedía que clasificaran al ejecutivo y al visitante en términos de *status*. Cierto número de normas empezaron a imponerse a través de las clasificaciones. El visitante demostraba poseer un mínimo de *status* cuando se detenía junto a la puerta después de entrar, y desde allí hablaba al hombre sentado. Se consideraba que tenía más *status* cuando avanzaba hasta la mitad de la distancia entre la puerta y la mesa, y tenía el máximo de *status* si se dirigía directamente a la mesa y se ponía justo delante del ejecutivo sentado.

Otro factor determinante de *status* a los ojos de los observadores, era el intervalo de tiempo entre el golpear a la puerta y entrar, y para el ejecutivo sentado el intervalo de tiempo entre el oír el golpe y responder. Cuanto más pronto el visitante entrara en la pieza, más *status* tendría. Cuanto más tardara en contestar el ejecutivo, más *status* tendría «él».

Es evidente que aquí se halla en juego una cuestión de territorio. Al visitante se le permite que entre en el territorio del ejecutivo, y por este procedimiento el ejecutivo adquiere automáticamente un *status* superior.

Hasta dónde el visitante penetra en el territorio, en otras palabras, cómo desafía el espacio personal del ejecutivo, anuncia su *status*.

El «jefe» entrará en la oficina de su subordinado sin anunciarse. El subordinado quedará fuera de la oficina del jefe hasta que le permitan entrar. Si el jefe habla por teléfono, el subordinado tal vez se vuelva de puntillas, y se presente más tarde. Si el subordinado está al teléfono, el jefe generalmente afirma su *status* quedando de pie y mirando al subordinado hasta que éste murmure «Le llamaré después», y preste al jefe toda su atención.

Hay un continuo desplazamiento y una lucha constante con relación al *status* en el mundo de los negocios, y por lo tanto los símbolos del *status* se vuelven parte necesaria de los desplazamientos o danzas. El ejecutivo con su portafolios es el más evidente, y todos conocemos la broma del hombre que sólo lleva su almuerzo en el portafolios, pero se empeña en llevarlo porque es tan importante para la imagen de sí mismo que debe crear. Conozco en Norteamérica a un ministro y educador negro que viaja mucho por todo el país. Según me dijo, nunca iría, en una ciudad del Sur, al centro o a un hotel sin su traje de hombre de negocios y su portafolios. Estos dos símbolos le dan cierta autoridad que le distingue del *nigger* de la misma ciudad.

Las grandes empresas crean una serie de símbolos permanentes de *status*. Una gran firma de productos medicinales de Filadelfia ganó suficiente dinero con la venta de tranquilizantes como para construir un nuevo edificio en que se instalaría su creciente plana directiva. El edificio hubiera podido planearse con el número de oficinas y salas de trabajo que se deseara, pero deliberadamente la compañía incorporó a sus oficinas un símbolo de *status*. Las oficinas de las esquinas, en el piso más alto, fueron reservadas al personal de más categoría. Las oficinas de esquina del piso inferior fueron reservadas para la categoría inmediatamente inferior del personal. Ejecutivos de menor categoría, pero todavía de cierta importancia, tuvieron oficinas sin ventanas. Más abajo todavía, se instalaron los hombres en cubículos subdivididos. Estos tenían paredes de vidrio despulido y no tenían puertas, y otros de rango aún inferior tenían cubículos de vidrio transparente. Los de último rango, tenían mesas en una sala abierta.

El rango era determinado por una ecuación cuyos elementos eran el tiempo de servicio, el salario y el grado. El grado M.D., por ejemplo, daba el derecho, cualquiera que fuese el tiempo de servicio o el salario, de poseer una oficina cerrada. El grado Ph.D. no aseguraba el derecho a dicha oficina, que quedaba pendiente de otros factores.

Dentro de este sistema había lugar para muchos otros elementos que demostraran grado o *status*. Cortinas, alfombras, mesas de madera en lugar de mesas de metal, muebles, divanes, sillones, y, por supuesto, secretarias, todo jerarquizado.

Un importante elemento de este arreglo era el contraste entre los cubículos de vidrio despulido y los de vidrio transparente. Al permitirse que el mundo le viera, el hombre del cubículo de vidrio transparente quedaba automáticamente reducido en su importancia o rango. Su territorio se hallaba mucho más abierto a la invasión visual. Era mucho más vulnerable.

Cómo ser un jefe

La apertura y la invasión de un territorio son importantes funciones del rango en un negocio. Pero, ¿y la dirección? ¿Con qué triquiñuelas, o con qué lenguaje corporal se impone un líder?

En los últimos años antes de la II Guerra Mundial, Chaplin hizo una película titulada *El gran dictador*. Como todas las películas de Chaplin, estaba llena de pasajes con lenguaje corporal, pero la más deliciosa secuencia era la que transcurría en una peluquería.

Chaplin, en el papel de Hitler, y Jack Oakie, en el de Mussolini, están siendo afeitados en sillas adyacentes. La escena se halla centrada en el empeño de ambos de situarse en posición dominante para afirmar su liderazgo. Atados a sus sillas, enjabonados y enfundados, sólo queda una manera de lograr el dominio, que es controlar la altura de las sillas. Pueden bajarlas y hacerlas saltar hacia arriba. El que llegue más alto, gana, y la escena se desarrolla alrededor de la tentativa de cada uno de lanzar su silla a la más alta posición.

45

El dominio a través de la altura es un truismo que rige desde el reino animal hasta el hombre. Entre los lobos, estudios recientes demostraron que el jefe del grupo afirma su dominio luchando con un lobo joven o subordinado hasta doblegarlo en el suelo y poner el pie sobre él. El subordinado expresa su sumisión arrastrándose delante del jefe y exponiéndole su garganta y su vientre. Es una cuestión de quién es más alto.

El mismo juego de posiciones ocurre entre los seres humanos. Todos tenemos conciencia de la tradición de humillarse delante de un rey, delante de los ídolos, delante de los altares. Los saludos y las cortesías en general son variantes de la superioridad o inferioridad por altura. Son todos actos que señalan el mensaje del lenguaje corporal: «Usted es más alto que yo, por lo tanto es el dominante».

Un joven que conozco, con más de 1,80 m. de altura, estaba muy bien considerado en los negocios debido a su habilidad en demostrar empatía con sus asociados. Al observarlo actuando en diversas transacciones, me di cuenta de que siempre que le era posible se inclinaba, doblaba el cuerpo o se sentaba para permitir que su socio lograra el dominio y sintiera superior.

En reuniones de familia, el miembro dominante, generalmente el padre, asume el mando en la cabecera de una mesa rectangular u oval. A menudo, la elección de una mesa redonda dice algo respecto a la organización familiar. Del mismo modo, en un grupo de estudio alrededor de una mesa, el líder automáticamente asume la posición en la cabecera de la mesa.

Basta recordar el rey Arturo y su mesa redonda para ver que no se trata aquí de una idea nueva. La mesa era redonda para que no hubiera una cuestión de primacía y todos los caballeros pudiesen participar igualmente del honor de estar sentados a la mesa. Sin embargo, todo quedaba debilitado por el hecho de que el rey Arturo, en cualquier lugar que se sentara, era siempre la figura dominante y el *status* decrecía a medida que la distancia del rey crecía.

El jefe de una gran compañía de productos medicinales en la que trabajé tiene una oficina en la que, además de su mesa y su silla, hay un diván, un sillón, y una mesita de café con uno o dos sillas alrededor. Este hombre anuncia la formalidad o informalidad de la situación sencillamente por el lugar en que se sienta durante la entrevista. Si se presenta un visitante al que desea recibir de modo informal, se alejará de su mesa y llevará al visitante hacia el diván, el sillón o la mesita del café. De este modo, por la ubicación que adopta, indica exactamente el tipo de entrevista que pretende tener. Si se trata de algo extremadamente formal, quedará sentado detrás de su mesa.

El espacio que consideramos inviolable

La necesidad de un espacio personal y la resistencia a la invasión de ese espacio personal son tan fuertes que, aun en una multitud, cada individuo exigirá un determinado espacio. Este hecho llevó a un periodista, Herbert Jacobs, a intentar aplicar ese criterio a la medición de las multitudes. Puesto que el cálculo de la dimensión de una multitud tiende a variar de acuerdo con el hecho de que el observador sea favorable o desfavorable a dicha multitud, el tamaño de las manifestaciones políticas, las demostraciones pacifistas y otras, son inflacionadas por los participantes y deflacionadas por las autoridades.

Jacobs, estudiando fotografías aéreas de multitudes en las que podía contar las cabezas, llegó a la conclusión de que la gente en multitudes densas necesita de 50 a 70 cm^2 mientras en multitudes esparcidas necesita como media 90 cm^2. El tamaño de la multitud, concluye finalmente Jacobs, puede calcularse por la siguiente fórmula: el largo multiplicado por el ancho y dividido por un factor de corrección que tiene en cuenta la densidad de la multitud. Esto dará el número real de personas en cualquier reunión.

Con respecto a las multitudes, cabe destacar que el territorio personal del individuo en una multitud es destruido por el hecho mismo multitudinario. La reacción a esa destrucción puede, en ciertos casos, modificar el estado de ánimo de la multitud. Los hombres reaccionan con energía cuando su espacio territorial es invadido. A medida que una multitud se hace más extensa y más compacta, puede también hacerse más violenta. Una multitud esparcida puede ser más fácil de controlar.

La necesidad de espacio personal era conocida por Freud, que organizaba sus sesiones de modo que el paciente estuviese acostado en un diván mientras él se sentaba en una silla fuera de la vista del enfermo. De este modo no había intrusión en el espacio personal del paciente.

Los policías tienen también conciencia de ello y lo utilizan en los interrogatorios de los detenidos. Un manual de interrogatorios criminales y confesiones sugiere que el inquisidor se siente cerca del sospechoso y que no haya mesa, ni otro obstáculo alguno entre ellos. Cualquier obstáculo, da al hombre interrogado cierto alivio y seguridad.

El libro sugiere también que el interrogador, aunque empiece con su silla a 60 ó 90 cm. del preso, debe acercarse a medida que progresa el interrogatorio, de modo que «en última instancia una de las rodillas del individuo se halle justamente entre las dos del interrogador».

Esta invasión física del territorio del hombre por el oficial de policía, el acercamiento a medida que es interrogado, según se comprobó en la práctica, es extremadamente útil para romper la resistencia del preso. Cuando las defensas territoriales de un hombre se debilitan, o son amenazadas, su firmeza tiende también a debilitarse.

En situaciones de trabajo, el jefe que tiene conciencia de este hecho puede reforzar su posición de dirección penetrando en el espacio del hombre que se halla bajo sus órdenes. El superior que se inclina sobre la mesa del subordinado le hace perder el equilibrio. El jefe de departamento que se acerca demasiado al obrero mientras inspecciona su trabajo le hace sentirse incómodo y poco seguro. En realidad, los padres que riñen al niño inclinándose sobre él, están representando la relación que existe entre ellos, probando y reforzando su propio dominio.

¿Podemos utilizar esta intrusión del espacio personal para despertar medidas defensivas en otros, o, por otra parte, evitando hacerlo, evitar también las consecuencias a veces peligrosas de una intrusión? Sabemos que seguir de cerca un coche es peligroso desde un punto de vista meramente físico. Si el coche de delante para bruscamente, podemos estrellarnos contra él, pero nadie dice nada respecto al daño que esa proximidad puede causar a los nervios del que va delante.

Un hombre que conduce un coche a menudo pierde una parte esencial de su humanidad y, en virtud de la máquina que siente a su alrededor, se halla apartado del ser humano. La comunicación del lenguaje corporal que funciona tan bien en él fuera del coche, a menudo no funciona del todo cuando conduce. Todos nos hemos enojado alguna vez con los automovilistas que nos cierran el paso, y todos conocemos la rabia totalmente irracional que puede dominar al que conduce cuando su espacio es invadido de este modo. La policía citará estadísticas que demuestran que decenas de accidentes son causados por estos cierres del paso, por las peligrosas reacciones del hombre que se sintió agredido por ese cierre. En una situación social normal, pocos hombres soñarían siquiera actuar y reaccionar de modo violento.

Despojados de la máquina, adoptamos una actitud civilizada y permitimos que la gente nos corte el paso, en realidad cedemos el paso muchas veces, para que los demás tomen primero un autobús o un ascensor.

Un coche, sin embargo, parece actuar como un arma peligrosa en manos de muchos conductores. Puede ser un arma que destruye muchos de nuestros controles e inhibiciones. La razón de ello es oscura, pero algunos psicólogos adelantaron la teoría de que, por lo menos en parte, se debe a la extensión de nuestros territorios personales cuando nos hallamos en un coche. Nuestras propias zonas privadas se expanden, la zona privada del coche se vuelve mayor y nuestra reacción a cualquier intrusión en esa zona es todavía mayor.

Del espacio y de la personalidad

Muchos estudios se realizaron para averiguar qué relación existe entre la reacción a la invasión del espacio personal y la personalidad. Uno de esos estudios, una tesis magistral de John L. Williams, comprobó que los introvertidos tienden a mantener en la conversación una mayor distancia que los extravertidos. El hombre que se retira, necesita mayores defensas para asegurar el carácter sagrado de su estado retirado. Otro estudio, para una tesis doctoral, de William E. Leipold, llegó a la misma conclusión a través de un interesante experimento. Se sometió a un grupo de estudiantes a tests de personalidad para determinar si eran introvertidos o extravertidos y luego se les envió a una sala donde serían entrevistados respecto a sus notas.

El experimentador dio a los estudiantes tres tipos de tratamiento: instrucciones de *tensión, elogiosas o neutrales*. Las primeras estaban destinadas a perturbar al que pasaba la prueba: «Creemos que la nota de su curso es muy pobre y que usted no hizo todo lo que podía. Por favor, siéntese en la pieza de al lado hasta que el entrevistador pueda hablarle».

El estudiante entraba entonces en una estancia en la que había una mesa y dos sillas, una enfrente y otra detrás de ella.

La entrevista elogiosa empezaba comunicando al estudiante que sus notas eran buenas y que iba bien en sus estudios. En la entrevista neutral las instrucciones eran, sencillamente: «Estamos interesados en su opinión respecto al curso».

Los resultados del experimento demostraron que los estudiantes elogiados fueron los que se sentaron más cerca de la silla del entrevistador. Los estudiantes perturbados se sentaron lo más lejos posible y los que recibieron un trato neutral a medio camino. Los estudiantes introvertidos y ansiosos se sentaron más lejos que los extravertidos en las mismas condiciones.

Una vez catalogado, el siguiente paso era determinar las reacciones de hombres y mujeres cuando su territorio se veía invadido. El doctor Robert Sommer, profesor de psicología y catedrático del Departamento de Psicología de la Universidad de California, describe una serie de experimentos llevados a cabo en un ambiente hospitalario, donde vestido con una bata blanca de médico, para tener más autoridad, invadió sistemáticamente la intimidad de los pacientes, sentándose al lado de ellos en los bancos y entrando en sus salas y habitaciones. Informó que estas intrusiones invariablemente molestaban a los pacientes y les hacían retirarse de sus particulares sillas y salas. Los pacientes reaccionaron a la intrusión física del doctor Sommer con incomodidad y agitación y finalmente retirándose físicamente de la zona.

Por su propia observación y la de otros, el doctor Sommer había descubierto toda una gama de lenguaje corporal que el individuo emplea cuando su territorio privado es invadido. Aparte de la verdadera retirada física, del levantarse e irse a otra parte, había una serie de señales preliminares, balancearse en la silla, mover las piernas o golpetear.

Estas son las primeras señales de tensión, y significan: «Usted está demasiado cerca. Su presencia me molesta».

La serie siguiente de señales de lenguaje corporal son ojos cerrados, repliegue del mentón sobre el pecho y cogimiento de los hombros. Todo eso quiere decir: «Váyase. No le quiero aquí. Usted se está entrometiendo».

El doctor Sommer habla de otro investigador en el campo de la invasión espacial, Nancy Russo, que utilizó una biblioteca como teatro de operaciones. Una biblioteca es un lugar muy adecuado para observar las reacciones. Posee una atmósfera tranquila que tiende al aislamiento. La mayor parte de las veces un visitante que penetra en una biblioteca trata de aislarse de los otros investigadores buscando un asiento algo apartado de todos los presentes.

La señorita Russo tomaba una silla próxima y la acercaba aún más a su víctima, o se sentaba frente a ella. Aunque no comprobó la existencia de una reacción universal única contra la persona que se sienta cerca, se dio cuenta de que la mayor parte se expresaba en lenguaje corporal para transmitir sus sensaciones. Describió «gestos defensivos, cambios de posición, intentos de cambiar discretamente de lugar». Y concluyó que, finalmente, si no eran tenidas en cuenta todas las señales en lenguaje corporal que emitía, el hombre se levantaría y buscaría otro lugar.

Sólo uno de los ochenta estudiantes cuya área fue perturbada por la señorita Russo le pidió verbalmente que se alejara. Los otros emplearon el lenguaje corporal para manifestar su desaprobación ante la proximidad.

El doctor Augustus F. Kinzel, que ahora trabaja en el Instituto Psiquiátrico de Nueva York, desarrolló una teoría, mientras trabajaba en el Centro Médico de los Estados Unidos para los Presos Federales, que tal vez señale el camino para detectar, prever, y hasta tratar la conducta violenta de los hombres.

En sus primeros estudios sobre los animales el doctor Kinzel advirtió que los animales reaccionan a menudo con violencia a cualquier intrusión en sus territorios privados. Mientras trabajaba en la prisión atendiendo a un grupo humano seleccionado por su acción violenta contra la sociedad, observó que algunos hombres preferían celdas de aislamiento, pese a la privación que significaba el tipo de vida que allí llevarían. Advirtió que esos hombres eran poseídos, a veces, por estallidos de violencia sin sentido. ¿Sería posible que esos hombres necesitaran más espacio para poder controlarse?

El doctor Kinzel observó que muchos de los hombres culpables de asalto con violencia se quejaban de que sus víctimas «se habían andado mezclando con ellos», aunque una cuidadosa verificación comprobó que no habían hecho más que acercarse a ellos. Los estallidos de violencia ocurrían dentro y fuera de la prisión, por lo tanto no los explicaba la atmósfera de la prisión. ¿Qué podría explicarlo?

Para averiguarlo el doctor Kinzel llevó a cabo en la prisión un experimento con quince presos voluntarios. Ocho tenían antecedentes de violencia y siete no los tenían. Se les pidió que se quedaran en pie en medio de una sala vacía mientras el «experimentador» se les acercaba despacio. Cada uno debía decir «¡Pare!» cuando el experimentador se acercara demasiado.

Después de repetir diversas veces la experiencia, quedó comprobado que cada hombre tenía una zona corporal definida, un territorio o ampolla, un espacio personal que el doctor Kinzel denominó «zona corporal amortiguadora».

«El grupo violento», dijo el doctor Kinzel, «mantuvo el experimentador al doble de la distancia que los no violentos». Las «zonas amortiguadoras» eran cuatro veces mayores en volumen que las zonas de los no violentos. Cuando alguien se acercaba mucho a uno de esos hombres, resistían como si el entrometido «se fuera alzando» o «precipitando».

Durante este experimento se indujo en los hombres violentos el mismo sentimiento que habían experimentado cuando habían asaltado a otros presos que se habían «andado mezclando» con ellos. Estos hombres, concluyó el doctor Kinzel, entraban en pánico cuando alguien penetraba en sus zonas corporales, más extensas que lo normal. Este pánico y la violencia resultante se daban a una distancia que otra gente hubiese considerado normal.

Mucho de lo que el doctor Kinzel denomina «el carácter de violencia que crece rápidamente en espiral entre grupos de ghetos superpoblados y la policía» puede deberse a la poca comprensión por parte de la policía de lo sagrado de las zonas corporales. El estudio del doctor Kinzel parece indicar que estamos apenas empezando a comprender los orígenes de los estallidos de violencia en los seres humanos, y cómo diagnosticarlos y tratarlos, estallidos que raramente se dan en el reino animal, donde existe un tácito entendimiento de las necesidades territoriales, mientras el hombre no interfiere.

Sexo y no-persona

En todo este asunto de la invasión existe un fuerte vínculo con lo sexual. Una joven que penetra en el territorio de un hombre encuentra una serie de señales distintas de las que encontraría si se moviera en el territorio de una mujer. Hay una mayor aceptación y la posibilidad de una aventura hace al hombre menos susceptible de resentimiento por la intrusión. Si se da la situación inversa, sin embargo, la mujer queda más en guardia.

La señal que invariablemente envía el entrometido es: «Usted no es una persona, y por lo tanto puedo acercarme a usted. Usted no importa».

Esta señal en el contexto de una situación de trabajo, entre jefe y empleado, puede ser desmoralizante para el empleado y útil para el jefe. Puede, en efecto, reforzar el dominio del jefe.

En la aglomeración de un metro hay una pequeña diferencia en la interpretación de las señales. Allí es importante que los dos individuos se consideren recíprocamente como «no personas». De otro modo, el hecho de que se vean forzados a admitir una situación de tal intimidad puede resultar embarazoso. Una persona que es verbalmente intrusiva en la aglomeración de un metro peca por despropósito. Su conducta puede merecer un peor calificativo. En semejantes condiciones una rígida contención es necesaria para que resulte tolerable una situación poco grata. Nunca vimos un film en que un muchacho encontrase a una joven en la aglomeración de un metro. Es algo que no se hace, ni siquiera en Hollywood.

La aglomeración en los vagones del metro sólo es tolerable, cree Sommer, porque los viajeros tienden a pensar los unos de los otros en términos de que «no son personas». Si se ven obligados a darse por enterados de la presencia de los demás debido a una brusca parada, por ejemplo, se sentirán molestos con la situación en que se encuentran.

Por el contrario, en una situación que no es de aglomeración, cualquiera se resentiría de ser tratado como una «no persona». Nuestra investigadora de la biblioteca encontró a un hombre que levantó la cabeza y la miró fríamente, señalando con lenguaje corporal: «Soy un individuo, ¿con qué derecho se entromete?».

Utilizaba en ese momento el lenguaje corporal para oponerse a su intrusión, y ella se convirtió inmediatamente en la persona agredida en lugar de agresora. Fue tan sensible a la desaprobación del hombre que no pudo continuar sus experiencias en el resto del día.

La incapacidad para continuar sus experiencias se debía a que el hombre cuya intimidad estaba invadiendo bruscamente atravesó las defensas de la investigadora y por primera vez lo vio como a un hombre y no como a un objeto. La capacidad de asumir la humanidad de otro individuo es una importante clave para entender cómo actuamos y reaccionamos en lenguaje corporal, como asimismo en cualquier otro tipo de relación. El doctor Sommer destaca que un objeto, una «no persona», no puede invadir el espacio personal de alguien, como no puede hacerlo un árbol o una silla. Tampoco existe problema alguno de invasión del espacio personal de una «no persona».

Sommer menciona, como ejemplo, el caso de las enfermeras de un hospital que discuten la situación de un paciente al lado de su cama, o el de la sirvienta negra en una casa de blancos que sirve la cena mientras los invitados discuten el problema racial. También el sirviente que vacía la papelera en una oficina puede no tener necesidad de golpear cuando entra, ni el ocupante de la oficina preocuparse por esta intrusión. El sirviente no es realmente una persona para él. Es una «no persona», como asimismo el hombre que se halla en la oficina es una «no persona» para el sirviente.

Las ceremonias y el sentarse

El modo como conocemos las invasiones y reaccionamos frente a ellas implica en cierta forma lo que Sommer denomina «ceremonias de reconocimiento». En circunstancias normales, cuando usted invade el territorio de otro, sea en una biblioteca, sea en un café, usted envía una serie de señales de deferencia. Verbalmente, usted pide disculpas y pregunta: «¿Está libre este asiento?». En lenguaje corporal usted baja los ojos cuando se sienta.

Cuando usted ocupa un lugar en un autobús muy lleno, lo adecuado es mantener la mirada hacia adelante y evitar dirigirla hacia la persona que está sentada a su lado. Para otras circunstancias hay otras ceremonias.

La defensa del espacio personal, según el doctor Sommer, implica el empleo de señales, gestos y posturas adecuadas que corresponden al lenguaje corporal, una acertada elección de su propia localización. ¿Cómo se sienta usted ante una mesa vacía cuando quiere insinuar a los demás que no le acompañen? ¿Qué lenguaje corporal emplea? Un estudio de Sommer, realizado entre estudiantes universitarios, demostró que el sentarse a una mesa vacía, cuando usted se propone aislarse, en general se cumple a través de dos procedimientos. O bien usted se coloca tan lejos como sea posible de las personas perturbadoras, o bien usted intenta aislarse conservando toda la mesa para usted.

Si busca el aislamiento replegándose frente a los demás está enfrentando el problema desde el punto de vista de la evasión. Usted adopta una posición de retirada, generalmente hacia el ángulo de la mesa. En lenguaje corporal usted dice: «Comparta mi mesa si lo desea, pero déjeme solo. Yo me estoy ubicando en este rincón para que la próxima persona que se acerque se siente tan lejos de mí como sea posible».

La otra manera de encarar el problema sería intentar quedarse con toda la mesa para usted. Es una actitud ofensiva y la persona agresiva que la elige se sentaría en el centro de alguno de los lados. Está diciendo: «Déjeme solo. Usted no puede sentarse aquí sin molestarme, ¡busque otra mesa!».

Entre las otras observaciones del doctor Sommer se hallan las siguientes: los estudiantes en retirada, que desean quedar tan lejos de los otros cuanto puedan, se sentarán de espaldas a la puerta. Los que quieran acaparar la mesa entera, que están en posición defensiva, se pondrán frente a la puerta. La mayor parte, en retirada o en la defensiva, prefieren el fondo de la sala, y la mayoría prefiere las mesas pequeñas o arrimadas a la pared.

En lenguaje corporal, los estudiantes que se sentaron abiertamente en el centro de la mesa estaban afirmando su dominio, su habilidad para controlar la situación y también su deseo de tener la mesa para sí solos.

Los estudiantes que se sentaron en el rincón de la mesa destacaron su deseo de quedar solos. «No me importa que usted comparta mi mesa, pero si lo hace, me he colocado lo bastante lejos. Usted debe hacer lo mismo. De este modo ambos lograremos el aislamiento».

Lo mismo ocurre con los bancos de los parques. Si usted desea aislarse y se sienta en un banco vacío, lo más probable es que se siente en una de las puntas, sugiriendo: «Si usted también ha de sentarse aquí, hay bastante lugar para que me deje solo».

Si usted no desea compartir el banco, se colocará en medio y comunicará: «Quiero este banco para mí. Si usted se sienta aquí me molesta».

Si usted está dispuesto a compartir el banco y su intimidad se sentará a un lado, pero no en el extremo.

Estas actitudes en la lucha por la intimidad reflejan su personalidad. Indican que el extravertido es propenso a defender su intimidad manteniendo el mundo a raya. El introvertido lo intentará compartiendo su lugar con los demás, pero manteniéndolos a cierta distancia. En ambos casos el lenguaje corporal emplea una serie distinta de señales, no una señal corporal, sino una señal de posición. Yo me coloco aquí y al hacerlo digo: «No se acerque», o «Siéntese aquí pero no se entrometa».

Es algo semejante a la señal transmitida por la colocación del cuerpo en distintas posiciones en relación con el ambiente: detrás de la mesa en una oficina, para significar: «No se acerque, debo ser respetado»; en lo alto del asiento del juez, el punto más alto de la sala del tribunal para señalar: «Estoy mucho más arriba que usted, y por lo tanto mi juicio es el mejor»; o cerca de alguien, violando su zona, para decir: «Usted no tiene derechos propios. Me acerco a usted según mi voluntad y por lo tanto soy superior».

LAS MÁSCARAS QUE USAN LOS HOMBRES

La sonrisa que oculta el alma

Hay muchos métodos con los que defendemos nuestras zonas personales y uno de ellos es el enmascaramiento. El rostro que ofrecemos al mundo exterior es raramente nuestro verdadero rostro. Se considera una conducta excepcional, casi extraña, mostrar lo que realmente se siente en las expresiones faciales o en los actos. Recurrimos, por el contrario, a una cuidadosa disciplina en cuanto a la expresión de nuestros rostros y cuerpos. El doctor Erving Goffman, en su libro *Behavior in Public Places*, sostiene que una de las pruebas más evidentes de dicha disciplina es la manera con que cuidamos nuestra apariencia personal, las ropas que elegimos, los peinados que adoptamos.

Todo ello lleva un mensaje en lenguaje corporal a los amigos y relaciones. El doctor Goffman considera que en los lugares públicos se espera que el hombre estándar de nuestra sociedad vaya correctamente vestido, afeitado, con el pelo peinado y las manos y el rostro limpios. Su trabajo, escrito hace seis años, no tuvo en cuenta el pelo largo y el aspecto descuidado o libre de los jóvenes de hoy, pero dicho aspecto va poco a poco ganando aceptación. Es ya lo que corresponde a la expectativa y se está formalizando. Está en conformidad con un ideal generalizado.

El doctor Goffman señala que hay momentos, como, por ejemplo, en el metro en la hora punta, en que las cuidadosas máscaras que usamos se nos escapan un poco, y «en una especie de temporaral, descuidado y auténtico agotamiento» nos mostramos tal como somos realmente. Dejamos caer las defensas y por cansancio o exasperación olvidamos disciplinar nuestras caras. Pruebe a fijarse en la aglomeración de un autobús, de un metro o de un tren en la hora punta después de un día de trabajo. Observe en todas las caras cómo en ese momento se deja ver al desnudo el verdadero ser humano.

Día tras día, ocultamos a ese desnudo ser humano. Mantenemos un celoso control para que nuestros cuerpos no pregonen mensajes que nuestras mentes por descuido no logran ocultar. Sonreímos constantemente, pues la sonrisa es, no sólo una manifestación de humor o de placer, sino también una justificación, una defensa y hasta una excusa.

Al sentarme cerca de usted en un restaurante lleno, una sonrisa dice: «No pretendo entrometerme, pero éste es el único lugar vacío».

Paso rozándole a usted en un ascensor repleto y mi sonrisa dice: «No estoy siendo agresivo, pero discúlpeme de todos modos».

Soy lanzado contra alguien en un autobús por un brusco frenazo, y mi sonrisa dice: «No tenía la intención de lastimarle, discúlpeme».

Y sonriendo nos abrimos camino a lo largo de todo el día, aunque en el fondo estemos enojados y aburridos por detrás de la sonrisa. En el trabajo, sonreímos a los clientes, a nuestros jefes, a nuestros empleados; sonreímos a nuestros niños, a nuestros vecinos, a nuestros maridos y nuestras mujeres, a nuestros parientes, y muy pocas de nuestras sonrisas tienen sentido. Son sencillamente máscaras que usamos.

Este proceso de enmascaramiento va más allá de los músculos faciales. Nos enmascaramos con todo el cuerpo. Las mujeres aprenden a sentarse de cierto modo para ocultar su sexualidad, especialmente cuando las faldas son cortas. Los hombres usan ropas interiores que muchas veces comprimen sus órganos sexuales. Las mujeres usan sostenes para mantener los senos en su lugar y evitar un exceso de sexualidad. Nos mantenemos derechos, abotonamos nuestras camisas, enderezamos el estómago con los músculos o una faja, y utilizamos una gran variedad de máscaras faciales. Tenemos nuestras caras de reunión, nuestras caras de universidad, nuestras caras de funeral, y hasta en la cárcel tenemos caras especiales para disimularnos.

En un libro titulado *Prison Etiquette*, el doctor B. Phillips menciona que los nuevos presos aprenden a poner cara de perro», con una expresión apática y sin carácter. Cuando están solos, sin embargo, en reacción contra esa expresión de protección que llevan puesta todo el día, se vuelven ultraexpresivos, exageran las sonrisas, las carcajadas y el odio a los guardias.

A medida que pasan los años las máscaras que usamos se van haciendo más difíciles de llevar. A ciertas mujeres que confiaron en la belleza del rostro durante toda su vida, les parece duro por las mañanas, en la vejez, «reponerse la máscara». El hombre viejo tiende a olvidarse de sí mismo y su cara se relaja. Con la edad surgen los tics, los mentones flojos, las arrugas que no se deshacen y los profundos surcos que no desaparecen.

Quitarse la máscara

Hay ciertas situaciones en las que la máscara cae. En un coche, cuando nuestras zonas corporales son más extensas, a menudo nos sentimos lo bastante libres para dejar caer las máscaras, y si alguien nos corta el paso o nos sigue demasiado cerca, somos capaces de emitir oleadas de blasfemias que son chocantes como expresión de emociones totalmente desproporcionadas. ¿Por qué nos sentimos tan violentos en situaciones de tan mínima importancia? ¿Qué gran diferencia representa el hecho de que un coche nos corte el paso o se acerque demasiado?

Pero es una situación en la que en general somos invisibles y la necesidad de llevar una máscara ha desaparecido. Nuestras reacciones pueden ser entonces tanto mayores.

El quitarse la máscara nos enseña mucho sobre la necesidad de usar una máscara. En los institutos de enfermos mentales la máscara muchas veces cae. El paciente mental, como la persona de edad, puede dejar a un lado las máscaras más aceptadas. El doctor Goffman refiere que en una sala de enfermas mentales una mujer cuya ropa interior estaba desarreglada, intentó arreglarla levantando la falda y, al no lograrlo, dejó caer el vestido al suelo, hizo el arreglo y volvió a vestirse con mucha calma.

Esta actitud de total desprecio de los elementos corrientes de enmascaramiento como los vestidos, el abandono del cuidado y la apariencia personal, es a menudo una de las más evidentes señales de que se acerca una conducta psicótica. Inversamente, en un instituto para enfermos mentales se relaciona la mejoría con un mayor interés por la apariencia personal.

Del mismo modo que una incipiente conducta psicótica lleva al paciente a perder el contacto con la realidad y a ser confuso en su comunicación verbal, crea también confusión en su lenguaje corporal. También en este terreno pierde contacto con el mundo real. Emite declaraciones que la gente normal oculta. Deja caer las inhibiciones impuestas por la sociedad, y actúa como si no tuviese conciencia de los espectadores que le miran.

Pero este aflojamiento del lenguaje corporal puede ser la llave para una mejor comprensión del paciente mentalmente perturbado. Mientras una persona puede dejar de hablar, no puede dejar de comunicarse a través del lenguaje corporal. Puede decir algo cierto o equivocado, pero no puede dejar de hablar. Puede controlar lo que comunica por medio del lenguaje corporal si procede de modo normal, tal como se supone que debe actuar la gente. En otras palabras, si su conducta es equilibrada, entonces enviará la menor cantidad de información a través del lenguaje corporal. Pero, si procede sensatamente, entonces, por supuesto, está sana. ¿Qué otro criterio tenemos para juzgar la salud mental? Así que, por definición, el hombre insano tiene que actuar de acuerdo con su insanidad, y al hacerlo envía al mundo un mensaje. Este mensaje, en el caso de los mentalmente perturbados, es generalmente una petición de socorro. Esto arroja una nueva luz sobre las extrañas acciones de la gente mentalmente perturbada y abre nuevos caminos a la terapéutica.

El enmascaramiento no puede ocultar las reacciones involuntarias. Una situación de tensión nos hace transpirar, y no es posible disimularlo. En otras situaciones difíciles nuestras manos o nuestras piernas pueden temblar. Podemos ocultar esos lapsos metiendo las manos en los bolsillos, sentándonos para que nuestras piernas temblorosas no tengan que llevar el peso del cuerpo, o caminando tan de prisa que nadie se dé cuenta del temblor. Asimismo se puede esconder el miedo lanzándose vigorosamente a la acción que se teme.

La máscara que no se puede retirar

La necesidad de enmascararse es en ciertos casos tan profunda que se impone automáticamente y resulta imposible dejarla caer. Hay situaciones, como el intercambio sexual, en que se debería suspender el enmascaramiento, para poder disfrutar plenamente de hacer el amor y, sin embargo, muchos de nosotros sólo podemos desenmascararnos en la completa oscuridad. Tenemos tanto miedo de lo que podríamos decir a nuestros compañeros con el lenguaje corporal, o de lo que podríamos revelar en nuestros rostros, que intentamos eliminar totalmente el aspecto visual del sexo y levantamos fortalezas morales para ayudarnos a hacerlo. «No es decente mirar», «los órganos sexuales son feos», «una joven decente no hace eso a la luz del día», etcétera.

Para muchos otros ni siquiera la oscuridad es suficiente para que puedan quitarse la máscara. Aún a oscuras, no pueden durante el intercambio sexual dejar caer las defensas que levantaron para protegerse.

Según el doctor Goffman esto puede ser la causa de los muchos casos de frigidez de las mujeres de la clase media. Pero en términos de práctica sexual, Kinsey demostró que hay tantas defensas, si no más, en la clase obrera. La clase media, en realidad, es propensa a adoptar una actitud más experimental, ajena al ocultamiento de las emociones.

La llave de la mayor parte del enmascaramiento en nuestra sociedad se halla muchas veces en los manuales de etiqueta. Estos dictaminan lo que conviene y lo que no conviene hacer en términos de lenguaje corporal. Uno de esos libros menciona que está mal frotarse la cara, tocarse los dientes o limpiarse las uñas en público. Lo que hay que hacer con el cuerpo y la cara cuando se está con amigos o extraños es minuciosamente explicado por Emily Post. Su libro de etiqueta hasta describe cómo hay que ignorar a las mujeres. Analiza el aparentar desconocer a alguien y cómo se puede hacer «sólo en caso de grave ofensa si se es una dama, y nunca a una dama si se es un hombre».

Parte de lo que sabemos del enmarcararse se aprende o se absorbe a partir de nuestra cultura, y una parte es específicamente enseñada. Pero la técnica de la máscara, aunque universal, varía de cultura a cultura. Ciertos aborígenes para demostrar su buena educación deben hablar sin mirarse a los ojos, mientras en Norteamérica es de buena educación mirar a los ojos de la persona a quien se habla.

Cuando una persona no es una persona

En toda cultura hay momentos en que está permitido dejar caer la máscara. Los negros del sur de los Estados Unidos tienen conciencia de la «mirada de odio» que un blanco del sur es capaz de dirigirles sin ninguna otra razón que el color de su piel. La misma mirada fija, o la desnuda demostración de hostilidad, sin enmascaramiento, sólo puede dirigirla un blanco a otro blanco ante la mayor provocación y no es nunca admitida en las culturas sudistas de Norteamérica por parte de un negro a un blanco.

Una de las razones de que el blanco del Sur pueda en este caso dejar caer la máscara es porque ve al negro como una no persona, como un objeto que no merece que se preocupe por él. Un negro con cierta forma de guiñar el ojo puede decir a otro que también es un hermano, un negro, aunque su piel sea tan clara que pueda pasar por blanco. Con otro tipo de guiño puede insinuar al negro: «Paso por blanco».

Los niños en nuestra sociedad son a menudo tratados como no personas, y también los sirvientes. Sentimos, tal vez conscientemente, tal vez inconscientemente, que delante de esas no personas no es necesario usar una máscara. No podemos preocuparnos por no herir los sentimientos de una no persona. ¿Cómo puede ella tener sentimientos susceptibles de ser heridos?

Esta actitud se considera, en general, clasista. Una clase social la adopta respecto a otra inferior; la gente de alto *status* la adopta con los de bajo *status*; el jefe puede no molestarse en usar una máscara delante de su empleado, ni la señora delante de su sirvienta, lo mismo que un padre ante su hijo.

No hace mucho estaba en un restaurante con mi mujer y en una mesa algo alejada dos mujeres con el aspecto de importantes viudas tomaban sus cócteles. Todo en ellas, desde sus pieles a sus peinados, proclamaba la abundancia de dinero, y su conducta lo confirmaba. En el restaurante repleto hablaban en voz tan alta que llegaba a todos los rincones, y sin embargo su conversación era privada y hasta íntima. Todos los presentes, para mantener la ilusión del aislamiento, teníamos que pretender no oírlas o comportarnos y mantener nuestras propias conversaciones con tanta atención que pudiéramos eliminar a las dos viudas.

En lenguaje corporal estas dos mujeres estaban diciendo: «Ustedes no tienen importancia para nosotras. No son, en realidad, personas. Son no personas. Lo que queremos hacer es lo único que importa, por lo tanto no estamos realmente molestando a nadie».

En realidad, en lugar de emplear sus cuerpos para enviar el mensaje, estas viejas señoras empleaban el volumen de la voz, y no era el sentido de lo que decían sino la intensidad del sonido que empleaban para decirlo que transmitía el mensaje. Aquí encontramos la técnica poco común de transmitir dos mensajes a través de un solo medio, el sentido de las palabras transmite un mensaje y el volumen de la voz transmite otro.

Son casos en que la máscara cae, pero casi por desprecio. Quitarse la máscara delante de una no persona no tiene a menudo ningún sentido de desenmascaramiento. Casi siempre conservamos nuestras máscaras, y la razón de que lo hagamos es importante. Es muchas veces peligroso desenmascararse. Cuando se nos acerca un mendigo en la calle y no queremos darle nada, interesa pretender que él no está allí y que no le vemos. Colocamos firmemente la máscara, miramos para el otro lado y pasamos rápidamente. Si nos permitiéramos quitarnos la máscara para ver al mendigo como un individuo, no sólo tendríamos que enfrentar nuestras conciencias, sino que quedaríamos expuestos a que nos importunara pidiendo, y posiblemente intentara avergonzarnos.

Lo mismo ocurre en muchos encuentros ocasionales. No podemos perder tiempo en intercambiar palabras y bromas, por lo menos en el área urbana. Hay allí demasiada gente alrededor. En los suburbios o en el campo es distinto, y por lo tanto hay menos enmascaramiento.

Además, si mostramos nuestro verdadero ser, quedamos expuestos a interpretaciones desagradables. El doctor Goffman ilustra lo que antecede con un ejemplo sacado de una clínica mental. Describe a un hombre de edad mediana, paciente mental, que andaba por todas partes con un diario doblado y un paraguas cerrado, y la expresión de alguien que llega con retraso a una cita. Conservar el aspecto de un comerciante normal era extraordinariamente importante para este paciente, aunque no engañara a nadie sino a sí mismo.

En los países orientales la técnica del enmascaramiento puede ser física. La costumbre de que las mujeres usen velos tiene esencialmente como objetivo permitirles ocultar sus verdaderas emociones y protegerlas así de las agresiones masculinas. En estos países el lenguaje corporal es tan conocido que resulta un hecho admitido que el hombre frente al menor estímulo tratará de imponer el intercambio sexual a una mujer. El velo permite a la mujer ocultar la parte baja del rostro y cualquier expresión involuntaria de estímulo. En el siglo XVII las mujeres usaban abanicos y máscaras en el extremo de una varilla con el mismo fin.

La masoquista y el sádico

En muchos casos el enmascaramiento puede ser utilizado como instrumento de tortura psicológica. Considérese el caso de Annie, casada con Ralph, hombre algo mayor que ella. Mayor, mejor educado y consciente del hecho de que Annie intelectual y socialmente no estaba a su altura. Sin embargo, de modo extraño y algo perverso, Ralph amaba a Annie y sabía que ella era la mujer que más le convenía. Esto no era óbice para que llevara a cabo su juego con Annie, un juego que implicaba un enmascaramiento intrincado y exacto.

Cuando Ralph volvía del trabajo empezaba un ritual diario bien organizado. Annie debía tener la cena lista, y a la espera de él, exactamente a las seis y media, ni antes ni después. El llegaría a casa a las seis, se lavaría y leería el diario de la tarde hasta las seis y media. Entonces Annie le llamaría para la cena y se sentaría mirándole furtivamente. Ralph sabía que le estaba observando. Ella se daba cuenta de que él lo sabía. Pero ninguno de los dos se refería a ello.

Ralph no daría ninguna muestra de que la comida le parecía buena o mala y mientras comían Annie armaría un drama en su cabeza. Sentiría en la boca del estómago un mareo de desesperación. ¿Le gusta a Ralph la comida, o no? Si no le gusta, ya sabe lo que le espera, una fría reconvención y una noche silenciosa, desgraciada.

Annie comería incómoda, escrutando la cara impasible de Ralph. ¿Había preparado correctamente el plato? ¿Lo había condimentado debidamente? Había seguido la receta, pero había agregado unas especias por iniciativa propia. ¿Habría sido un error? ¡Sí, debía de haberlo sido! Sentiría que se le iba el corazón, todo su cuerpo se pondría tenso de angustia. No, a Ralph no le gusta. ¿No empieza su labio a torcerse en una mueca de desprecio?

Ralph, viviendo el mismo drama, la miraría y durante un largo lapso mantendría una cara inescrutable mientras Annie pasaría por mil muertes, luego sonreiría, dando su aprobación. Y de golpe, milagrosamente, todo el ser de Annie vibraría de felicidad. La vida es fantástica y Ralph es su amor y ella es terriblemente, terriblemente feliz. Volvería a su comida, disfrutándola ahora, con hambre voraz y con delicia.

Con una cuidadosa manipulación de su máscara, con un lenguaje corporal bien graduado, Ralph llevó a cabo una delicada tortura y dio una recompensa. Emplea la misma técnica por la noche cuando él y Annie están en la cama. No le da ninguna muestra de lo que siente, de si piensa hacer el amor o no, y Annie recorre todas las etapas del mismo juego bien elaborado: «¿Me tocará? ¿Todavía me ama? ¿Cómo podré aguantarlo, si me rechaza?».

Cuando finalmente Ralph se acerca y la toca, Annie estalla en un apasionado éxtasis. Si Annie es víctima o cómplice, es algo que no nos corresponde analizar. Lo que queremos considerar es el empleo de una máscara para realizar la tortura. La relación sadomasoquista entre Annie y Ralph de modo extraño les beneficia, pero para la mayor parte de los portadores de máscaras las ventajas de usarlas son más realistas.

Cómo dejar caer la máscara

Las ventajas del enmascaramiento, reales o imaginarias, crean en nosotros cierta renuncia a dejar caer. Entre otras cosas, podemos estar forzando una relación que otras personas no desean. O podemos arriesgarnos a ser rechazados. Sin embargo, el uso de la máscara puede privarnos de relaciones que deseamos. ¿Ganamos tanto cuanto perdemos?

Consideremos el caso de Claudia. Con poco más de treinta años, delgada, sugestiva, es atractiva. Por su trabajo en una gran empresa de inversiones, Claudia entra en contacto con muchos hombres durante el día y es muy invitada. Pero es todavía soltera, y aunque odie tener que reconocerlo, es virgen.

No es por falta de deseo, sostiene Claudia con insistencia. Es una joven apasionada y considera con horror la perspectiva de una vida estéril de solterona. ¿Por qué entonces no puede comprometerse emocional y sexualmente con un hombre? Claudia no comprende por qué, pero los hombres con quienes sale lo saben.

«Ella le rechaza», explicó uno de ellos. «¡Diablos! A mí me gusta Claudia. En el trabajo es una gran chica y la invité a salir, pero nada más algo empieza a cuajar, ella queda helada y el mensaje es muy claro. No tocar. No quiero nada. ¿Quién necesita eso?»

¿Quién, en realidad? ¿Quién es capaz de ver a través de la fachada prohibitiva de Claudia la mujer cálida y apasionada subyacente? Claudia, temerosa del rechazo, rechaza primero ella misma, antes de que algo se haya desarrollado. De este modo nunca se siente herida. Nunca es rehusada, porque ella rehusa primero.

¿Conducta estúpida? Tal vez, pero eficaz si el ser rechazado es la peor cosa en el mundo que le puede ocurrir. Para Claudia lo es. Así que, antes que jugársela, vivirá sus días en soledad.

El enmascaramiento de Claudia es innecesario y ruinoso, pero hay máscaras necesarias decretadas por la sociedad. La persona que se enmascara de acuerdo con esta norma puede querer con desesperación emplear el lenguaje corporal para comunicarse, pero la costumbre no se lo permite.

Un ejemplo de este enmascaramiento lo planteó una joven amiga de diecisiete años que le explicó su problema a mi mujer.

«Hay un joven con quien viajo en el autobús todos los días hasta casa, y él baja en mi parada y yo no le conozco, pero me gusta y quisiera conocerle, y creo que le gusto, ¿pero cómo podríamos hacernos amigos?»

Mi mujer, con la sabiduría de la experiencia, sugirió un par de paquetes incómodos y pesados para el próximo viaje en autobús y además un tropezón cuidadosamente ensayado que arrojara al suelo todos los paquetes, al bajar del autobús.

Con gran sorpresa mía, todo fue bien. El accidente provocó la única respuesta posible, puesto que eran los dos únicos pasajeros que bajaban del autobús en aquella parada. Él la ayudó a recoger los paquetes y ella tuvo que dejar caer la máscara. Él también pudo liberarse de la máscara, y al llegar ella a su casa se animó a invitarle a tomar una coca cola, y así siguieron desarrollándose los acontecimientos.

En cierto momento la máscara debería descartarse, tiene necesariamente que descartarse si el individuo ha de crecer y desarrollarse, si ha de establecerse alguna relación significativa. El gran problema que todos enfrentamos es que después de andar con una máscara durante toda una vida, no es fácil dejarla caer.

En ciertos casos la máscara sólo puede ser descartada cuando se asume otro enmascaramiento. El hombre que viste un traje de payaso para una sesión teatral de *amateurs* a veces se libera de sus inhibiciones al disfrazarse, y es capaz de bailar y bromear como un «clown» con perfecta soltura y libertad.

El enmascaramiento de la oscuridad nos permite a algunos la libertad de hacer el amor sin máscaras, y la máscara del anonimato les da a otros la misma libertad.

Algunos homosexuales masculinos me han dicho que tuvieron encuentros con hombres, completos, desde el primer contacto hasta la satisfacción sexual, sin siquiera decir su nombre ni saber el del compañero. Cuando les pregunté cómo podían intimar de esa forma sin conocer el nombre del compañero, la respuesta fue invariablemente: «Pero esto le agrega un condimento más al asunto. Me siento distendido y hago lo que quiero. Después de todo, no nos conocemos, y ¿a quién le importa lo que hicimos o dijimos?».

Hasta cierto punto, es lo mismo que ocurre cuando un hombre visita a una prostituta. El mismo anonimato crea una mayor libertad.

Pero éstos son casos sencillos de doble enmascaramiento, de buscarse otra defensa para poder dejar caer la máscara. Simultáneamente con la necesidad constante de cuidar nuestro lenguaje corporal, de refrenar las señales que emitimos, existe también la paradójica necesidad de transmitirlo todo con salvaje libertad, de decir al mundo quiénes somos y qué queremos, de clamar en el desierto y recibir una respuesta, de dejar caer la máscara y verificar si la persona oculta es un ser real por derecho propio; en resumen, de liberarnos y comunicarnos.

EL FANTÁSTICO
MUNDO DEL TACTO

Venga y tómeme la mano

No hace mucho me ofrecí voluntariamente para dar clases de redacción a un grupo de jóvenes en la iglesia parroquial. Harold, uno de los jóvenes alumnos, tenía catorce años y era alborotador por naturaleza. Lindo muchacho, alto para su edad y hablador, Harold se hacía enemigos hasta sin proponérselo, aunque, en general, se proponía molestar.

Al llegar a la quinta clase, todos le odiaban y él ya estaba cerca de deshacer el grupo. En cuanto a mí, estaba desesperado. Lo intenté todo, desde la buena voluntad y la amistad hasta el enojo y la disciplina, pero nada surtió efecto y Harold siguió intratable y cortante.

Entonces, una tarde en que se propasó un poco molestando a una de las jóvenes, le agarré con ambas manos. En el mismo momento me di cuenta de mi error. ¿Qué podía hacer ahora? ¿Soltarle? Entonces sería él el vencedor. ¿Pegarle? Era difícil, dada la diferencia de edad y tamaño. Llevado por la inspiración del momento luché con él hasta acostarlo en el suelo y entonces empecé a hacerle cosquillas. Dio primero alaridos de rabia y luego de risa. Sólo cuando, sofocado, prometió comportarse, le dejé, y por mis contradictorias reacciones me di cuenta de que había creado un monstruo del tipo

71

de Frankenstein. Haciéndole cosquillas, había invadido su zona corporal impidiéndole usarla para su defensa.

Harold se comportó bien desde ese momento, pero se convirtió además en mi constante compañero, colgándose de mi brazo o de mi cuello, empujándome y golpeándome con los puños y quedándose siempre tan cerca de mí, físicamente, cuanto le era posible.

Yo correspondí a su acercamiento, y entre los dos nos arreglamos para llevarnos bien durante todo el período de las sesiones. Lo fascinante del caso era que, al violar la sacralidad de su territorio, había podido comunicar con él por primera vez.

Lo que aprendí con este episodio fue que hay momentos en que las máscaras deben caer, y la comunicación debe darse por el contacto físico. En muchos casos no podemos llegar a la libertad emocional a menos que, a través de nuestro espacio personal y a través de nuestras máscaras protectoras, lleguemos a tocar, acariciar y establecer una interacción física con otras personas. La libertad no es tal vez algo individual, sino una función de grupo.

La convicción de que así es llevó a un grupo de psicólogos a formar una nueva escuela de terapéutica, una escuela cuya base es el lenguaje corporal, pero que se ocupa también de romper el proceso del enmascaramiento por medio del contacto corporal.

Las máscaras que tullen

Los niños, antes de que aprendan las inhibiciones de nuestra sociedad, exploran su mundo con el tacto. Tocan a sus padres y anidan en sus brazos, se tocan a sí mismos, encuentran satisfacción en sus órganos genitales, seguridad en la textura de sus mantas, excitación al sentir cosas frías, cosas calientes, cosas suaves y cosas ásperas.

Pero, a medida que el niño crece, su sentido de la experiencia a través del tacto se restringe. El mundo táctil se empequeñece. Aprende a levantar protecciones corporales, se vuelve consciente de sus necesidades territoriales en función de su cultura, y descubre que el enmascaramiento puede impedir que le hieran, aunque también le impide experimentar emociones directas. Llega a creer que lo que pierde en expresión lo gana en protección.

Desafortunadamente, a medida que el niño se acerca a la edad adulta, las máscaras, en demasiados casos, se endurecen, se vuelven represoras y se transforman de elementos de protección en elementos que tullen. El adulto puede llegar a la conclusión de que mientras la máscara le permite resguardar su intimidad y evitar las relaciones que no desea, se vuelve también algo limitativo e impide las relaciones que desea igual que las que no desea.

Entonces el adulto se vuelve mentalmente inmóvil. Pero, dado que las cualidades mentales se traducen fácilmente en cualidades físicas, se vuelve también físicamente inmóvil. La nueva terapéutica cuya base son las experiencias del Instituto Esalen de Big Sur, en California, las investigaciones realizadas en grupos de hombres aislados en la Antártida, y en grupos pertenecientes a seminarios en todo el mundo, denominados grupos de encuentro, trata de romper estos inmovilismos físicos y alcanzar tras ellos el inmovilismo mental. El doctor William C. Schutz ha escrito mucho sobre la nueva técnica de los grupos de encuentro, que es una técnica para preservar la identidad del hombre que se halla bajo la presión de la sociedad actual. Para mostrar hasta qué punto los sentimientos y la conducta se expresan en lenguaje corporal, el doctor Schutz menciona una serie de expresiones que describen la conducta y los estados emocionales en términos corporales. Entre ellos: llevar a hombros una carga; enfrentar algo con la cabeza erguida; rechinar los dientes; una mueca de desprecio; dominar con la mirada; encogerse de hombros, etc.

Lo interesante de estas expresiones es que son también frases del lenguaje corporal. Cada una de ellas expresa una emoción, pero también un acto corporal que señala la misma emoción.

Al considerar estas frases comprendemos la hipótesis del doctor Schutz de que «las actitudes psicológicas afectan a la postura y al funcionamiento del cuerpo». Cita la teoría de la doctora Ida Rolf que las emociones endurecen el cuerpo según patrones fijos. El hombre constantemente infeliz acaba por desarrollar un ceño como parte de su ser físico. El hombre agresivo, que constantemente se lanza de cabeza, desarrolla una postura con la cabeza echada hacia adelante que ya no puede cambiar. Sus emociones, según la doctora Rolf, hacen que su postura o su expresión se fijen en determinada actitud. A su vez, dicha actitud hace aflorar las emociones correspondientes. Si su rostro se congela en una sonrisa habitual, la doctora Rolf cree que ello afectará a su personalidad y le hará sonreír mentalmente. Lo mismo ocurre con un ceño y con otras actitudes del cuerpo más profundas y menos evidentes.

El doctor Alexander Lowen en su libro *Physical Dynamics of Character Structure*, amplía este interesante punto de vista sosteniendo que todos los problemas neuróticos aparecen en la estructura y la función del cuerpo. «No hay palabras tan claras como el lenguaje de la expresión corporal, una vez que se ha aprendido a leerla», dijo.

Prosigue relacionando la función corporal con la emoción. La persona de espalda encorvada no puede tener el fuerte ego del hombre de espalda erguida. La espalda erguida por otra parte, es menos flexible.

Usted es lo que siente

Es tal vez el conocimiento de este vínculo entre la postura y la emoción lo que hace que el ejército instruya a los soldados para que se mantengan de pie, tiesos y firmes.

Esperan que con la práctica se hagan inconmovibles y decididos. No cabe duda de que el clisé del viejo soldado con «el fusil a la espalda» y una rígida personalidad algo tenía de verdad.

Lowen cree que los hombros encogidos significan enojo contenido, los hombros alzados se relacionan con el miedo, los hombros anchos y rectos con el asumir responsabilidades, los hombros encorvados con el llevar una carga, con la opresión de un pesado fardo.

Es difícil separar los hechos de la fantasía literaria en estas hipótesis de Lowen, particularmente cuando sostiene que el llevar la cabeza erguida es función de la fuerza y calidad del ego. Habla de un cuello largo y orgulloso y de un cuello corto de toro.

Sin embargo, hay mucho sentido en la relación que establece Lowen entre los estados emocionales y sus manifestaciones físicas. Si el modo como una persona camina, se sienta, se yergue, se mueve, si su lenguaje corporal revela su estado de ánimo, su personalidad y su capacidad de establecer contacto con otros, entonces debe ser posible hacer que esa persona cambie al cambiar su lenguaje corporal.

Schutz, en su libro *Joy*, observa que es común ver grupos de personas que se sientan con los brazos y las piernas cruzados lo que significa encierro y retirada, resistencia contra cualquiera que se les acerque. Pedir a alguien en esas condiciones que no se cierre, que descruce las piernas o los brazos, según cree Schutz, abrirá también esa persona a la comunicación con el resto del grupo. Lo importante es saber qué dice la persona con sus brazos y piernas cruzados, qué mensaje está enviando. Es también importante para la propia persona qué mensaje tiene la intención de transmitir. Es necesario que tenga conciencia de las razones de su propia tensión antes de que pueda superarla.

Cómo salir de la cáscara

¿Cómo podrá usted romper su cáscara? ¿Cómo podrá comunicarse con los demás? El primer paso para liberarse tiene que ser comprender esta cáscara, comprender las defensas que usted ha levantado. Hace poco tiempo, en un centro de adiestramiento de consejeros en la Universidad de Nueva York, me mostraron cierto número de videocintas de entrevistas entre consejeros que aprendían la técnica de aconsejar a niños perturbados.

En una de las entrevistas una mujer blanca bien vestida y de rasgos agradables, que por todos los poros exhalaba finura y distinción, hablaba con una niña negra de catorce años, perturbada y extremadamente introvertida. La niña estaba sentada frente a la mesa con la cabeza baja, ocultando el rostro, y cubriendo además los ojos con la mano izquierda. La mano derecha estaba extendida sobre la mesa.

A medida que progresaba la entrevista, la mano izquierda de la niña seguía cubriendo sus ojos y ella no levantaba la vista aunque no tenía dificultad para hablar, pero su mano derecha avanzaba sobre la mesa hacia la consejera, los dedos avanzando y arrastrando la mano, luego retirándose y volviendo a avanzar, como acariciando e invitando, gritando casi audiblemente en lenguaje corporal: «¡Tóqueme! Por amor de Dios, ¡tóqueme! ¡Tome mi mano y oblígueme a mirarla!».

La consejera blanca, técnicamente inexperta y asustada con toda la experiencia que era una de sus primeras entrevistas, estaba sentada muy derecha, con las piernas cruzadas y los brazos doblados sobre el pecho. Fumaba y sólo se movía cuando tenía que dejar la ceniza de su cigarrillo, pero entonces su mano volvía defensivamente hacia su pecho. Era evidente que su actitud física reflejaba su actitud mental. «Estoy asustada y no puedo tocarla. No sé cómo resolver esta situación, pero tengo que protegerme».

¿Cómo es posible salir de semejante situación bloqueada?

El doctor Arnold Buchheimer, profesor de educación en la universidad, explicó que el primer paso para encontrar una salida fue mostrar la videocinta (tomada sin conocimiento de la consejera ni de la aconsejada) a la consejera. A la vez hubo análisis de nivel profundo respecto a cómo había reaccionado y por qué. Se le sugirió luego que examinara sus propios temores y vacilaciones, su propia rigidez e impermeabilidad, y que intentara en la próxima sesión tomar contacto con la niña, primero físico y después verbal.

Antes que terminara la serie de sesiones, la consejera, entrenándose y analizando su propia conducta, fue capaz de llegar a la médula de la perturbación de la niña en el nivel verbal, pero también en el nivel físico; pudo pasar su brazo alrededor de ella, ceñirla y darle un poco del cariño maternal que le hacía falta.

Su reacción física fue el primer paso hacia la reacción verbal y, a su debido tiempo, podía ayudar a la niña a reaccionar por sí misma. En este caso, la niña había pedido en evidente lenguaje corporal algún contacto físico. Su cabeza baja y su mano que cubría los ojos habían estado diciendo: «Tengo vergüenza. No puedo mirarla. Estoy asustada». Su otra mano que se extendía a través de la mesa decía: «Tóqueme. Aliénteme. Establezca contacto conmigo».

La consejera, al cruzar los brazos sobre el pecho y mantenerse rígidamente sentada, habia dicho: «Estoy asustada, no la puedo tocar ni le permito que invada mi intimidad».

Sólo después de que se hubiera hecho posible una mutua invasión y hubiera habido un contacto físico podían estas dos encontrarse y luego dar y recibir ayuda.

El contacto o invasión de la intimidad que es necesario para romper las barreras y liberarse de las máscaras, no tiene siempre que ser físico. Puede también ser verbal. En un reciente viaje a Chicago conocí en mi hotel a un extraordinario joven. Tenía una habilidad poco común para demoler verbalmente máscaras y barreras de la gente. Al caminar con él una noche por la calle, pasamos por un restaurante del estilo de mediados del siglo pasado. El portero llevaba un traje de época y era físicamente un hombre imponente.

Mi nuevo amigo se detuvo y, para mi gran desconcierto, empezó una conversación de la mayor intimidad con el portero, una conversación íntima respecto a su familia, sus esperanzas en la vida y sus éxitos. Todo ello me parecía del peor gusto. Es algo que no se hace, entrometerse de ese modo en la vida privada de alguien.

Estaba seguro que la reacción del portero sería sentirse ofendido y molesto, y retirarse. Me sorprendió que no ocurriera nada de eso. El portero respondió, después de apenas un momento de vacilación, y antes de que pasaran diez minutos, había confiado sus esperanzas, ambiciones y problemas a mi amigo. Le dejamos encantado y lleno de entusiasmo. Asombrado, le pregunté a mi nuevo amigo: «¿Usted siempre se lanza con ese empuje?».

«¿Por qué no?», preguntó. «Ese hombre me interesa. Deseaba hacerle preguntas sobre sus problemas y darle consejos. Él lo apreció. Yo me siento mejor por haberlo hecho y él se siente mejor porque yo lo hice».

El cóctel silencioso

Lo que decía era verdad, pero la habilidad para cruzar los límites del buen gusto y de la intimidad es algo poco común. No todos la poseemos, y aun los que la poseen no siempre pueden evitar ocasionar molestias. Me pregunto si mi amigo hubiera tenido tanto éxito con alguien de posición superior. Los porteros son considerados por muchos no personas y por eso tal vez reaccionen gratamente si se les dirige la palabra.

Pero aunque no podamos entrar en contacto verbalmente, podemos imaginar otros métodos no verbales, otros medios que pueden incluir o no incluir el contacto físico. En este sentido un cóctel organizado por un amigo psicólogo tuvo mucho éxito. Envió invitaciones que informaban a los amigos de que se trataba de una reunión no verbal.

«Toque, huela, mire y pruebe», decia la invitación, «pero no hable. Pasaremos una velada de comunicación no verbal.»

Mi mujer y yo suspiramos ante esa extraña invitación, pero no teníamos un pretexto para rehuirla. Fuimos y con sorpresa nos pareció fascinante.

La sala había sido preparada para la reunión: no había asientos. Quedamos todos de pie y nos movimos de un lado a otro, bailamos, nos comunicamos por gestos, por mímica y por complicadas charadas, sin pronunciar una palabra.

Sólo conocíamos a una pareja y las presentaciones a los demás se hicieron por iniciativa propia, dificultadas o facilitadas por el silencio impuesto. Tuvimos que esforzarnos por llegar a conocer a los demás y lo sorprendente es que terminamos la noche con un conocimiento profundo y bastante preciso de nuestros nuevos amigos.

Lo que ocurrió, por supuesto, es que se había retirado el elemento verbal del enmascaramiento. El resto de nuestras máscaras quedó sin apoyo, cayó fácilmente y tuvimos que establecer sin ellas nuestros mejores contactos, físicos en su mayor parte.

En el silencio, todas las inflexiones de la voz y su relación con el *status* quedarán eliminadas. Estreché la mano de un hombre y sentí la callosidad de su palma. Esto llevó a imaginar cuál era su oficio en un grupo de construcción y, sin la barrera de las palabras, a una mejor comprensión recíproca que la que es habitualmente posible entre hombres de distinta clase social.

Todo ello se parece bastante a los juegos de salón, pero con una diferencia. No había perdedores, y el resultado final era una comprensión más significativa de la gente con quien se jugaba. Hay otros juegos para facilitar la comunicación, hacer comprensible el lenguaje corporal y derribar las barreras que erigimos para protegernos.

Jugar en beneficio de la salud

El doctor Schutz reunió un gran número de esos «juegos de salón», algunos seleccionados en el Instituto de Tecnología de California, otros en la UCLA School of Business o en los National Training Laboratories de Bethel, Maine. Todos tienen la finalidad de romper las barreras, quitarle la máscara a uno mismo y quitársela a los demás y hacer a todos conscientes del lenguaje corporal y su mensaje.

Schutz denomina a uno de esos juegos «Sentir el Espacio».

Dice a un grupo de personas que se sienten juntas en el suelo o en sillas y, con los ojos cerrados, estiren las manos y «sientan» el espacio a su alrededor. Inevitablemente entrarán en contacto unos con otros, se tocarán y se explorarán mutuamente y reaccionarán a estos contactos y a la intrusión del vecino en sus propios cuerpos.

A algunas personas, advierte, les gusta tocar a los demás y a otras, no. A algunas les gusta ser tocadas y a otras, no. Las posibles interacciones, combinaciones y permutaciones a menudo harán aflorar ocultas emociones. Si éstas son luego analizadas, los tocadores y los tocados llegarán a una nueva conciencia de sí mismos y de sus vecinos.

Hay otro juego que Schutz denomina «El Molino Ciego». Aquí también con los ojos cerrados, el grupo se mueve alrededor de la habitación encontrando, tocando y explorando a cada uno de los otros con sus manos. El resultado final es semejante al de «Sentir el Espacio».

Más allá de esas exploraciones iniciales, Schutz sugiere técnicas que llevan las emociones al lenguaje corporal. Como ejemplo, menciona el caso de un joven que evitaba toda relación directa que pudiera herirle. Para él resultaba más fácil huir que arriesgarse a que le hirieran. Para que se diera cuenta de lo que en realidad estaba haciendo, el grupo terapéutico trató de hacerle decir a la persona que más le desagradaba en el grupo cuáles eran sus verdaderos sentimientos. Cuando protestó y dijo que no podría hacerlo, se le dijo que abandonara el grupo y se sentara en un rincón. La representación física de su acostumbrado repliegue le hizo comprender que prefería retirarse que enfrentar a alguien de un modo directo y verdadero. Prefería salir de un grupo que arriesgarse a hacer algo que pudiera terminar en una situación molesta, que podría hacer que alguien le tomara antipatía.

Gran parte de la técnica de la reunión de grupos tiene como base la representación física de un problema emocional.

En otro nivel traduce en lenguaje corporal lo que ya existe en términos emocionales. Decirlo con el cuerpo, sin embargo, permite comprenderlo más íntegramente.

En la técnica de Schutz, el hombre que tiene un odio reprimido, a la vez que un muy real amor hacia su padre, es más fácil que comprenda y resuelva estas emociones conflictivas si identifica con su padre algún objeto maleable, digamos una almohada. Se le aconseja que golpee la almohada mientras expresa su enojo y su furia.

A menudo golpear furiosamente la almohada (si no se rompe y llena el aire de plumas) llevará al que lo hace a cierto estado emocional en el cual se vaciará de su hostilidad hacia el padre. Después de expresarse de ese modo, en violentos términos físicos, puede no sentirse ya en un profundo conflicto, puede hasta ser capaz de expresar su amor al padre, un amor que siempre estuvo sofocado por el resentimiento y la hostilidad.

Lo que le ocurrió fue que liberó sus emociones y su capacidad de odiar a la vez que de amar. En lugar de un objeto inanimado como una almohada, a menudo se pueden liberar las emociones en la interacción entre personas.

Otra técnica para revelar a alguien lo que es realmente, consiste en que un grupo de personas forme un círculo de brazos cerrados y deje que la persona que lucha por comprenderse trate de meterse en el circulo. El modo como se maneja en esta situación le puede ayudar a comprender su verdadera personalidad y sus verdaderas necesidades.

Algunos forcejearán y empujarán para volverse parte del círculo. Otros tratarán de convencer con palabras para lograr entrar. Otros emplearán técnicas astutas y taimadas, como hacerle cosquillas a uno de los miembros del círculo hasta que haga algún movimiento que le permita entrar.

Cuando se forma un grupo de encuentro, es una técnica interesante, sugiere Schutz, que sus miembros uno por uno sean llevados frente al grupo para que sea físicamente examinado, pinchado, empujado, observado, tocado y olido. Esto, según cree, hace que la realidad de una persona se haga mucho más evidente para sus compañeros de grupo.

Yo sugeriría que otra técnica podría tener como fundamento el lenguaje corporal. Un miembro del grupo podría ser observado por los otros y luego descrito en términos de lenguaje corporal. ¿Qué es lo que dice su manera de caminar, de estar de pie, por sus gestos? ¿Lo que nos parece que dice es realmente lo que está diciendo?

El análisis de las señales enviadas y de las señales recibidas puede ayudar a una persona a llegar a nuevos puntos de vista. ¿Qué mensajes envía usted? ¿Su manera de caminar expresa lo que usted realmente siente, lo que usted cree que siente, o la manera como los demás le ven? Enviamos ciertas señales de lenguaje corporal y es posible aprender más sobre nosotros mismos enterándonos de cómo los otros interpretan las señales que enviamos.

Los psicólogos hace mucho que se dieron cuenta de eso y la técnica de filmar a un hombre en relación con otros, y luego mostrarle la filmación y analizar sus propias señales, su propio lenguaje corporal ha sido eficaz para abrir sus ojos a la realidad.

El lenguaje del cuerpo

Sin las técnicas sutiles de las filmaciones ¿cómo podríamos empezar a comprender nuestras propias señales? Hay varios métodos, pero tal vez el más evidente y más fácil es emplear el juego de salón de las charadas, pero con una diferencia.

Un hombre o una mujer, en una reunión de grupo, sale de la sala, vuelve a entrar y sin palabras intenta representar una idea o una emoción como la felicidad, el éxtasis, la aflicción o la pena. Sin recurrir a los gestos simbólicos y a las abreviaciones de las charadas, esto se transforma en una proyección de la personalidad. Aquel que intenta proyectar la idea se hace de golpe consciente de sí mismo, de sus propios gestos y señales, de cómo se mantiene y cómo se mueve.

Después, cuando el grupo discute el éxito o el fracaso del intento de hablar con el lenguaje corporal, se da cuenta de las reacciones a sus señales. ¿Intentó señalar la timidez y lo que presentó fue la altivez? ¿Envió un mensaje de diversión en lugar de dolor, de seguridad en lugar de inseguridad? ¿En el gran espejo de la vida misma, confunde también las señales? ¿O son sus señales correctamente interpretadas?

Éste es un asunto al que todos deberíamos dedicar algún tiempo. ¿Presentamos al mundo nuestro propio ser? ¿Los mensajes que reciben nuestros amigos, son exactamente aquellos que mandamos? Si no lo son, ¿ésta puede ser en parte la causa de nuestra dificultad para integrarnos en el mundo? Puede ser una pista para llegar a comprender la causa de nuestros fracasos en la vida.

Otro juego de salón que puede ayudarnos a comprender es pedir a un grupo que dé a uno de sus miembros un nuevo nombre, un nombre que sea adecuado a los movimientos de su cuerpo. Luego se le pide a la persona que actúe de acuerdo con el nuevo nombre que el grupo le dio. A menudo la súbita libertad de proceder de un modo distinto, de aceptar una nueva personalidad, servirá de fuerza libertadora y eliminará las inhibiciones, permitiendo que la persona con un nuevo nombre se comprenda a sí misma a un distinto nivel. Está poniendo en escena una distinta personalidad, pero una personalidad que prefiere a la que tiene.

Hay otras variaciones de «representación» que pueden llegar al corazón de la situación. Un amigo mío me dijo recientemente que en su casa había serios problemas entre su hija de diecisiete años y su hijo de catorce. «Han llegado a la etapa en que no pueden ya estar juntos en la misma habitación sin llegar a una explosión. Todo lo que él hace es erróneo a los ojos de ella, y está siempre atacándole».

Por sugerencia mía intentó un juego no verbal con los dos diciéndoles que hicieran lo que quisieran, pero no usaran palabras.

«Durante algunos minutos», dijo después, «quedaron como perdidos. Sin palabras, ella no podía reñirle, y al parecer no sabía qué otra cosa hacer, de qué otro modo abordarlo. Entonces él se acercó al lugar donde ella se hallaba e hizo una mueca, y de golpe ella le agarró, le sentó en su falda y se puso a acariciarle, con gran sorpresa de toda la familia.»

El resultado de todo ello, en un análisis posterior, fue que toda la familia estuvo de acuerdo en que, por sus actos, ella había adoptado una actitud maternal con el hermano. Ella, en realidad, tenía los sentimientos de una madre hacia él, y su constante reñir era menos de naturaleza crítica que de un amor de madre posesiva. Su acto, en lenguaje corporal, de acariciarle le hizo darse cuenta de ello y le abrió también los ojos a él. Después de este episodio, me informó mi amigo, aunque continuaran discutiendo, ya no lo hacían tan seriamente como antes, y en ambos subyacía algo nuevo, cálido y comprensivo.

Lo que ocurre a menudo en cualquier relación, es que el lenguaje mismo se convierte en una máscara y un medio de ocultar y confundir la relación. Si el lenguaje hablado es suprimido, y la única comunicación que queda es el lenguaje corporal, la verdad encontrará algún modo de salir a la luz. El lenguaje hablado es, en sí mismo, muy oscurecedor.

En el amor y en los encuentros sexuales, la palabra hablada puede ser un elemento disuasivo respecto de la verdad. Uno de los más eficaces ejercicios terapéuticos para una pareja enamorada es intentar, en completa oscuridad, transmitirse recíprocamente un mensaje preciso empleando solamente los elementos táctiles del lenguaje corporal. Intente decirle a su amante: «Te necesito. Te haré feliz». O «Tengo resentimiento», «No haces esto o aquello de modo adecuado», «Eres demasiado exigente», «No eres lo bastante exigente».

Despojados de palabras, estos ejercicios de sexualidad y amor pueden ser intensamente significativos y ayudar a que una relación se desarrolle e intensifique. La misma comunicación sin palabras, pero empleando el sentido visual en lugar del tacto, puede ser un segundo paso en la maduración de una relación amorosa. No hay duda de que resulta más fácil para muchas parejas mirarse uno a otro el cuerpo después de haberse tocado.

EL LENGUAJE
SILENCIOSO DEL AMOR

La postura, la mirada y la insinuación

Mike es un seductor, un hombre a quien nunca le falta una chica. Mike puede entrar en una reunión de extraños y al cabo de diez minutos hallarse en términos íntimos con una de las chicas. Dentro de media hora la ha apartado del grupo y se hallará con ella camino de casa, de la casa de él o la de ella, según la que esté más cerca.

¿Cómo lo hace Mike? Otros hombres que pasaron la mitad de la noche llenándose de coraje para acercarse a una chica habrán visto a Mike entrar y vencer con rapidez y eficacia. Pero no saben por qué.

Si se pregunta a las chicas se encogerán de hombros. «No sé. Creo que tiene las antenas desplegadas. Recibo señales y las contesto, y lo primero que sé...».

Mike no es particularmente hermoso. Es bastante despierto, pero éste no es su atractivo. Mike parece tener un sexto sentido. Si hay una chica disponible, Mike la encuentra, o ella le encuentra a él.

¿Qué tiene Mike?

Bien, si no es hermoso ni brillante, posee algo mucho más importante para este tipo de encuentros. Mike posee un control inconsciente del lenguaje corporal y lo emplea con pericia. Cuando Mike se pasea por una sala envía automáticamente sus mensajes. «Estoy disponible. Soy masculino. Soy agresivo y se me puede conocer». Y luego, al enfocar la persona elegida, siguen las señales. «Estoy interesado en usted. Usted me atrae. Hay en usted algo excitante y quiero descubrir qué es».

Observe a Mike en acción. Observe cómo establece contacto y muestra su disponibilidad. Todos conocemos, por lo menos, un Mike, y todos envidiamos su habilidad. ¿Cuál es el lenguaje corporal que emplea?

Bueno, el atractivo de Mike, la transparencia no verbal de Mike se compone de muchas cosas. Su apariencia es parte de ello. No la apariencia con que nació, que es bastante corriente, sino el modo como reorganizó esta apariencia para transmitir su mensaje. Si se mira con atención a Mike, se advierte que hay en él una clara sexualidad.

«Por supuesto», dirá una mujer conocedora, «Mike es un hombre muy sexy». ¿Pero de qué modo es sexy? No en sus rasgos.

Si se sigue preguntando, la mujer explicará: «Hay algo en él, una especie de aura».

En realidad no se trata de algo tan vago como una aura. En parte es la manera de vestirse de Mike, el tipo de pantalones que elige, sus camisas, chaquetas y corbatas, la manera de peinarse, el largo de sus patillas, todo ello contribuye de un modo inmediato a crear su figura, pero aún más importante es la manera que tiene Mike de erguirse y de caminar.

Según una mujer, tiene «una gracia natural». Un hombre que le conocía no fue tan generoso. «Es craso». Aquello que parecía agradable a la mujer, se transmitía como perturbador o desafiante y, por lo tanto, desagradable al hombre, que reaccionó calificando el rasgo de modo depreciativo.

Sin embargo, Mike se mueve con gracia, una gracia arrogante que bien puede suscitar la envidia de un hombre y la excitación de una mujer. Unos pocos actores tienen esa especie de movimiento, Paul Newman, Marlon Brando, Rip Torn, y con él pueden transmitir un evidente mensaje sexual. El mensaje puede ser transmitido a la vez por el modo de comportarse, su postura, y sus movimientos fáciles y confiados. El hombre que camina de ese modo poco más necesita para hacer que pierda la cabeza una mujer.

Pero Mike tiene algo más. Tiene docenas de pequeños gestos, tal vez inconscientes, que emiten elaboraciones de su mensaje sexual. Cuando Mike se apoya en la repisa de una chimenea para mirar a las mujeres que hay en la sala, sus caderas avanzan ligeramente como si ellas mismas fueran una ménsula y sus piernas generalmente se apartan. Hay algo en esta postura que sugiere el sexo.

Observe a Mike cuando está de pie en esta posición. Mete los pulgares en el cinturón, por encima de los bolsillos, y sus dedos apuntan hacia los órganos genitales. Usted seguramente vio centenares de veces esta pose en los *westerns*; no la toma el héroe, sino el malo muy sexual, apoyado en la empalizada del corral, y que es la imagen de la sexualidad amenazante, el villano que los hombres odian y que las mujeres, bueno, lo que ellas sienten es bastante más complejo que odio o deseo, o miedo, y sin embargo es una mezcla de todas esas cosas. Con su clamoroso lenguaje corporal, con sus chapas de cuero, sus ingles contorsionadas y sus dedos indicadores está enviando una señal cruda, evidente y eficaz. «Soy una amenaza sexual. Soy un hombre peligroso para que una mujer se quede a solas conmigo. Soy un hombre y la quiero a usted».

En menor escala, menos vocinglero, Mike envía el mismo mensaje.

Pero su lenguaje corporal no se detiene ahí. Esto sirve para señalar sus intenciones, crear una atmósfera, un aura si le parece. Esto fascina a la mujer disponible, e interesa y hasta irrita a las no disponibles.

El mismo Mike explica cómo procede de ahí en adelante. «Analizo a las mujeres, las que lo quieren. ¿Cómo? Es fácil. Por la manera como se mantienen de pie o se sientan».

«Entonces elijo y sostengo su mirada. Si está interesada me contesta. Si no lo está, la olvido.»

«¿Cómo sostiene usted su mirada?»

«Mantengo mi mirada un poco más de lo debido, puesto que en realidad no la conozco. No dejo que sus ojos se me escapen, y aguzo los míos.»

Pero hay más en la manera que tiene Mike de acercarse que la mirada insistente, como lo observé en una reunión. Mike tiene un misterioso instinto para medir el lenguaje corporal defensivo de una mujer e insistentemente romperlo. ¿Tiene los brazos cruzados en actitud defensiva? Abre los suyos. ¿Su postura es rígida? Mientras hablan, relaja la suya propia. ¿Tiene el rostro tenso? Sonríe y suaviza el suyo.

En resumen, contesta a sus señas corporales con señales opuestas y complementarias de su parte, y al hacerlo se entremete en su conciencia. Hace a un lado las pretensiones de su lenguaje corporal y, porque inconscientemente desea abrirse, se abre para Mike.

Mike se adelanta hacia una mujer. Cuando hizo la señal de contacto, cuando su lenguaje corporal recibe el mensaje cruzado de la disponibilidad, su próximo paso es la invasión física, pero una invasión física sin contacto.

Penetra en el territorio o zona corporal de la mujer. Se acerca lo bastante para que se sienta incómoda, y sin embargo no tanto como para que pueda protestar con razón. Mike no toca a su víctima sin necesidad. Su proximidad, su intrusión en el territorio es suficiente para modificar la situación existente entre ellos.

Entonces Mike lleva adelante su invasión con la intrusión visual mientras hablan. Lo que dicen no tiene realmente mucha importancia. Los ojos de Mike hablan mucho más que su voz. Se demoran en la garganta de la mujer, en sus senos, en su cuerpo. Se demoran sensualmente y con promesas. Mike toca sus labios con la lengua, semicierra los ojos, e invariablemente la mujer se siente incómoda y excitada. Hay que recordar que no es una mujer cualquiera, sino aquella mujer particular y sensible que respondió al gambito de apertura de Mike. Correspondió a sus lisonjeras atenciones y ahora ya está demasiado implicada para poder protestar.

Y de todos modos, ¿protestar contra qué? ¿Qué hizo a final de cuentas Mike? No la tocó. No hizo ninguna observación sugerente. Según los estándars de la sociedad es un perfecto caballero. Si sus ojos son algo demasiado cálidos, algo demasiado audaces, eso es cuestión de interpretación. Si esto le desagrada a una chica, no tiene más que ser áspera y volver la espalda.

Pero ¿por qué no le gustaría todo eso a una chica? Mike la está adulando con sus atenciones. En realidad le está diciendo: «Usted me interesa. Quiero conocerla mejor, más íntimamente. Usted no es igual a otras mujeres. Usted es la única mujer que me interesa aquí».

Pues, además de dedicar a esta mujer su lisonjera atención, Mike nunca comete el error de distribuir su interés. Enfoca con precisión y habla con una sola mujer, y con eso intensifica el impacto de su lenguaje corporal. La mitad de las veces, cuando Mike sale con la chica de su elección, ya no es necesaria ninguna persuasión. En ese momento un sencillo «¡Vamos!», es bastante.

¿Está ella disponible?

¿Qué hace Mike para elegir su víctima? ¿Qué lenguaje corporal emplea una chica disponible en una reunión para decir: «Estoy disponible. Estoy interesada. Es posible tenerme». Debe de haber un juego de señales perfectamente definidas, pues Mike raramente comete un error.

Una chica de nuestra sociedad tiene un problema adicional en este juego de encuentros sexuales. Por más disponible que esté, sería considerado bastante «cuadrado», hacérselo saber a cualquiera. Es algo que instantáneamente la abarataría. Y sin embargo, inconscientemente, ha de dejarse transparente su intención. ¿Cómo lo hace?

Gran parte del modo como transmite su mensaje es asimismo su modo de estar de pie, su postura en general y sus movimientos. Una mujer disponible se mueve de un modo estudiado. Algún hombre dirá que se trata de una pose, otra mujer dirá que es afectación, pero el movimiento de su cuerpo, sus caderas y sus hombros envía mensajes sobre su disponibilidad. Puede sentarse con las piernas separadas, simbólicamente abiertas como una invitación, o puede hacer un gesto en que una de sus manos toca el seno como una caricia. Puede tocar los muslos cuando camina, o caminar con un lánguido movimiento de caderas. Algunos de sus movimientos son estudiados y conscientes, otros totalmente inconscientes.

En tiempos de otra generación, la disponibilidad femenina era burlescamente representada por la rutina de Mae West que decía, «suba y venga a verme alguna vez». Una generación posterior prefirió la cara de ángel y la voz susurrante y falta de aliento de una Marilyn Monroe, una inocencia manchada. Hoy, en una época más cínica, se ha vuelto a una sexualidad violenta. Alguien como Raquel Welch, deletrea el mensaje. Pero éstos son mensajes de cine, evidentes. En un nivel más sutil, de salón, el nivel en que opera Mike, el mensaje es más discreto, a veces tan discreto que el hombre que ignora el lenguaje corporal no se da cuenta de él. Aun el hombre que conoce un poco el asunto puede perderse. Por ejemplo, la mujer que cruza los brazos sobre el pecho puede estar transmitiendo la clásica señal: «Estoy cerrada a cualquier proposición. No le escucharé, ni le oiré».

Esta es una interpretación corriente de los brazos cruzados, y que la mayor parte de los psicólogos conocen. Como ejemplo cabe mencionar la reciente noticia en los diarios respecto a una clase del doctor Spock en la Academia de la Policía. El auditorio de la policía era extremadamente hostil al buen doctor, pese al hecho de que era responsable de la forma en que la mayor parte de ellos y de sus hijos habían sido educados. Muestras de hostilidad verbalmente durante la discusión, pero también, de modo mucho más evidente, en lenguaje corporal. En la foto del diario todos los policías estaban sentados con los brazos cruzados sobre el pecho, y la cara dura y cerrada.

Evidentemente estaban diciendo: «Estoy sentado aquí con la mente cerrada. Diga usted lo que quiera, no estoy dispuesto a oírlo. No podemos encontrarnos». Esta es la interpretación clásica de los brazos cruzados.

Pero hay otra, igualmente válida. Los brazos cruzados pueden decir: «Estoy frustrado. No consigo lo que necesito. Estoy encerrado con llave. Déjeme salir. Pueden acercarse a mí. Estoy disponible».

Mientras el hombre que sólo conoce un poco el lenguaje corporal puede interpretar equivocadamente este gesto, el hombre instruido en lenguaje corporal recibirá correctamente el mensaje de las señales de segundo plano que las chicas envían. ¿Tiene una cara angustiada y cerrada por la frustración? ¿Está sentada rígidamente sin relajar el cuerpo? ¿Desvía los ojos cuando usted trata de mirarla?

Todas las señales corporales tienen que ser sumadas para obtener un total correcto si hay que emplear con eficacia el lenguaje corporal.

La mujer, agresivamente disponible, procede también de un modo predecible. Posee cierto número de triquiñuelas eficaces de lenguaje corporal para telegrafiar su disponibilidad. Tal como lo hace Mike, ella emplea la intrusión territorial para alcanzar su propósito. Se sentará en una proximidad incómoda para el hombre que persigue aprovechándose de lo poco confortable de la situación. Mientras el hombre se mueve y se agita, sin darse cuenta de por qué está perturbado, ella se adelantará con otras señales, utilizando su incomodidad para hacerle perder el equilibrio.

Mientras el hombre en esa etapa no puede tocar a la mujer, si es que se trata de un juego limpio, le está perfectamente permitido a la mujer en el juego, tocar al hombre. El tocarlo puede aumentar la incomodidad del hombre en cuyo territorio ella se ha entrometido.

Un roce en el brazo puede ser un golpe que le desarme. «¿Tiene una cerilla?». El estirar la mano que la sostiene hasta su cigarrillo puede permitir un momento de contacto carnal, que puede ser eficazmente perturbador.

El contacto con el muslo de una mujer, o su mano que pase levemente sobre el muslo de un hombre, puede ser devastador si se aplica en el momento oportuno.

El acercamiento agresivo por parte de una mujer puede utilizar no sólo el lenguaje corporal –el arreglo de una falda cuando se sienta cerca, el descruzar las piernas, el echar hacia adelante los senos, una mueca con los labios– sino también el olor. El perfume acertado en la cantidad justa, para obtener un efecto elusivo y excitante, es parte importante del acercamiento agresivo.

¿Vale la pena conservar el prestigio?

Pero la vista, el tacto y el olor no constituyen todo el arsenal de la mujer en el camino de la guerra. El sonido es parte importante del acercamiento. No es siempre lo que dice, sino el tono de su voz, la invitación detrás de las palabras, la altura y la calidad íntima y acariciadora del sonido.

Las actrices francesas lo conocen bien, pero el francés es una lengua que se presta a la sexualidad, sea lo que fuere que se diga. Uno de los *sketches* más divertidos de revistas de off-Broadway consistía en un actor y una actriz que representaban una escena de un film francés. Cada uno recitaba una lista de legumbres en francés, pero el tono de la voz, la cadencia y la insinuación vocal rezumaban sexualidad.

Es lo que antes describimos, el empleo de una sola banda de comunicación para transmitir dos mensajes. En el terreno del amor y de la sexualidad es algo bastante común. A una mujer agresivamente disponible, puede servirle para quitarle a un hombre sus defensas. Es una jugada que emplean tanto los hombres como las mujeres en una agresiva búsqueda sexual. Si usted hace que su presa pierda el equilibrio, le hace a él o a ella sentirse incómodo, el acercamiento final se vuelve relativamente fácil.

La treta de emplear la voz para transmitir un mensaje hablado inocente, y otro mensaje no hablado más significativo y mucho más intenso es particularmente eficaz porque la presa, masculina o femenina, no puede protestar, dadas las reglas del juego. El agresor, si hay protestas, puede siempre retirarse y decir con cierta verdad: «¿Pero qué hice yo? ¿Qué dije?».

Hay en esto un recurso para salvar el prestigio, pues por más ardiente que sea la búsqueda del amor o del sexo, no es posible llevarla a cabo sin el riesgo de perder el prestigio. Para mucha gente, principalmente si son personas inseguras, perder el prestigio es un acontecimiento devastador y humillante. El agresor sexual, si él o ella es realmente bien secundado en el intento, sólo se preocupa por conservar el prestigio de su víctima como un medio de manipular la presa. Para ser sexualmente agresivo, un hombre o una mujer tiene que poseer la suficiente firmeza, la suficiente seguridad, para poder actuar sin los recursos que sirven para conservar el prestigio.

En la otra cara de la moneda, la persona sexualmente insegura, la presa en la inevitable cacería, necesita desesperadamente evitar la humillación, conservar el prestigio. Esto la sitúa en tremenda desventaja para el juego. El agresor puede manipular la presa, utilizando la pérdida del prestigio como amenaza.

Cuando, por ejemplo, el agresor penetra en el territorio de la presa y, empleando una voz sexualmente seductora, habla de evidentes banalidades, ¿qué ha de hacer la presa? Recurrir a la retirada y arriesgarse a una expresión de sorpresa. «¿Qué supuso usted que yo quería?».

Asumir que el agresor va detrás de ella sexualmente es atribuirse más importancia que la que ella verdaderamente cree que tiene. Ser abandonada después de esto sería demasiado humillante para que lo pudiera soportar. ¿Y si ella hubiera realmente interpretado mal sus motivos? Así que en la mayor parte de los casos el agresor gana con su juego.

Es ese mismo tipo de interacción el que emplea el pervertido sexual, fuera ya de una situación social. El pervertido masculino del metro que intenta acariciar o tocar a una mujer en medio de una multitud, depende de su miedo e inseguridad para que se quede quieta. El mismo juego de fuerzas que se procesa, y el temor de perder el prestigio, puede impedirle protestar. Aguanta la molestia menor del pervertido a tientas o del pervertido exhibicionista para no atraer la atención sobre sí.

Se trata de una reacción tan común y previsible que muchos pervertidos que se satisfacen exhibiéndose cuentan con la vergüenza de sus víctimas. Si la víctima reaccionara con la risa, o con cualquier demostración de que se divierte, o aun agresivamente acercándose, eso sería una terrible experiencia para el pervertido.

La búsqueda

Con respecto a los pervertidos, tanto los homosexuales masculinos cuanto las lesbianas poseen claras señales de lenguaje corporal que pueden establecer comunicaciones íntimas. Los homosexuales, al «cruzar» la calle, pueden identificar una alma hermana sin intercambiar una sola palabra.

Establecer contacto es relativamente sencillo, explicó un joven homosexual en una encuesta. «La primera cosa es identificar al hombre, y es difícil explicar cómo se hace pues hay muchas pequeñas señales. Algo se nota en la manera de caminar, aunque muchos de nosotros caminamos exactamente como los hombres normales. Se trata, principalmente, de un contacto visual. Se mira y se sabe. Él sostiene la mirada un poquito más, y sus ojos se fijan en seguida en el cuerpo. El rápido golpe de vista hacia el sexo, luego desviado, es una pista segura».

Analizando sus propias señales, explica: «Yo paso adelante y luego miro hacia atrás. Si hay algún interés él también mirará. Entonces camino despacio, paro ante un escaparate. Luego volvemos atrás los dos, el uno hacia el otro, y... ¡contacto!».

Las señales son rígidas y formalizadas, algunas veces no son explícitas pero se hallan en la banda verbal, aunque no se relacionen con las palabras. El doctor Goffman cuenta de un homosexual que se detuvo en un bar «gay» para beber algo, pero no tenía interés en entrar en contacto con nadie. Sacó un cigarrillo y no tenía cerillas. De golpe se dio cuenta de que pedir una cerilla a alguien en el bar era la señal convenida: «Estoy interesado. ¿Usted también?».

Al final le compró una caja de cerillas al barman.

Las señales del homosexual para indicar los contactos no difieren mucho de las del hombre normal en relación con una chica. Hace mucho tiempo, siendo soldado y estando de permiso en Boston, un soldado amigo me convenció de que saliese con él a «buscar unas damas».

Yo no tenía experiencia, pero había que fingir ser entendido en la materia, pues no podía reconocer mi ignorancia. Fui con él y observé cuidadosamente a mi amigo. Al cabo de media hora había encontrado cinco chicas y elegido dos para nosotros. Su técnica se apoyaba en el lenguaje corporal.

Caminando, o más bien vagando por la calle, pescaría al vuelo una mirada inquisitiva, la retendría un poco más de lo normal y levantaría una ceja. Si la chica tropezaba, se detenía para mirar su compacto, para arreglar las medias, o delante de un escaparate, se trataba de una señal de respuesta que significaba: «Le estoy viendo y puede que me interese. Sigamos un poco más».

Mi amigo se detendría entonces, se daría vuelta y seguiría detrás de la chica a lo largo de la manzana. El seguimiento sin establecer contacto es parte integrante del ritual y le permitiría empezar un contacto vocal, comentar con una tercera persona su vestido, su modo de caminar, su aspecto, en términos semihumorísticos, una manera de salvar el prestigio, evitando cualquier ofensa.

Al comienzo ella pretendería que los avances de mi amigo no eran deseados. Si esta etapa se hacía demasiado larga, quedaba entendido que los avances efectivamente no agradaban. Sin embargo, si se ponía a reír, o le contestaba, o hacía comentarios sobre él con la amiga, en el caso de que fuese acompañada, entonces esto indicaba un interés creciente.

Después de cierto tiempo, la búsqueda terminaba con mi amigo al lado de la chica, conversando con ella en un tono de familiaridad al que ella aparentemente se oponía. He visto utilizar esta misma técnica hoy a los jóvenes de menos de veinte años y siempre cada paso está rígidamente determinado, y el juego tiene que seguir de comienzo a fin. En cualquier momento el trato puede ser fácilmente roto por cualquiera de los participantes sin pérdida de prestigio para ninguno de los dos. Esta es una condición estricta para una busca suave y bien planteada.

Hay algo ritualmente similar en la ceremonia inicial de algunos encuentros entre ciertas especies animales. Observe dos palomas en el parque cuando el macho camina en círculo, se despliega y realiza una busca formal mientras la hembra pretende ser indiferente. Está en juego un lenguaje corporal muy preciso y del mismo modo se acercan los seres humanos al hacer la corte con un lenguaje corporal.

El doctor Gerhard Nielsen, del Laboratorio Psicológico de la Universidad de Copenhague, describe en su libro, *Studies in Self-Confrontation*, el empleo extremadamente importante del lenguaje corporal en lo que él denomina la «danza para hacer la corte» del adolescente norteamericano.

Analizando fríamente esa corte en un nivel clínico, el doctor Nielsen encontró veinticuatro pasos entre «el contacto inicial de un joven macho con una joven hembra y el acto del coito». Determinó que los pasos iniciales que da el hombre y los pasos de respuesta que da la joven corresponden a un «orden coercitivo». Esto lo explica afirmando que cuando un joven da el paso de tomar la mano de una joven, debe luego aguardar hasta que ella apriete su mano, dándole la señal para que siga adelante, antes de dar el paso siguiente que sería entrelazar sus dedos con los de ella.

Todo tiene que seguir paso a paso hasta que pueda con naturalidad pasar su brazo alrededor del hombro de la joven. Puede, entonces, bajar la mano por su espalda y luego acercarla a su seno desde el costado. Ella, a su vez, puede bloquear su acercamiento apretando el antebrazo contra su propio costado.

Después del beso inicial, y sólo entonces, puede tratar de acercar de nuevo la mano a su pecho, pero sin esperar realmente tocarlo hasta después de haberla besado mucho. El protocolo le prohíbe acercarse a los senos de frente, como asimismo dar el primer beso antes de tenerse las manos.

El doctor Nielsen propone clasificar a un muchacho o a una chica como «rápido» o «lento» en términos del orden de cada paso, no del tiempo que dedican a cada uno de ellos. «Saltar los pasos o invertir su orden es rápido», mientras dejar pasar la señal para seguir adelante o no permitir el paso siguiente, es lento.

Elija su postura

El doctor Albert E. Scheflen, profesor de psiquiatría en el Albert Einstein College of Medicine de la ciudad de Nueva York, estudió y catalogó los patrones que corresponden a hacer la corte y lo que denomina «casi-corte» entre los seres humanos. Esta casi-corte es el empleo de la corte, del *flirt* o del sexo con fines no sexuales.

Toda la conducta humana, según el doctor Scheflen, es pautada y sistemática, y está constituida por pequeños segmentos regulares que componen unidades mayores. Esto se verifica también en la conducta sexual, y en el estudio de los elementos que constituyen nuestras relaciones sexuales el doctor Scheflen estableció que en reuniones de negocios, en reuniones sociales, en la escuela y en muchas otras circunstancias, la gente emplea estos elementos sexuales, aun cuando no tenga en perspectiva ningún fin sexual.

Llegó a la conclusión de que o bien los norteamericanos proceden sexualmente cuando se reúnen con finalidades no sexuales, o entonces –lo que es más probable– la conducta sexual tiene cierto sentido específico en sus señales de lenguaje corporal cuando no es empleada con la finalidad última del intercambio sexual.

¿Cuáles son exactamente estos patrones sexuales de la conducta? Bien, de acuerdo con las investigaciones del doctor Scheflen, cuando un hombre y una mujer se preparan para un encuentro sexual, aunque no son conscientes de lo que hacen, pasan por un cierto número de modificaciones corporales que les llevan a un estado de preparación.

Los músculos de sus cuerpos se ponen tensos y «listos para la acción». El aflojamiento del cuerpo desaparece, se mantiene derecho y alerta. El mentón no se abandona y hay menos «bolsas» bajo los ojos. La postura es más juvenil, el estómago se retrae y los músculos de las piernas se endurecen. Hasta los ojos parecen más brillantes, mientras la piel puede ponerse rosada o pálida. Hasta puede haber un cambio de los olores del cuerpo, volviendo tal vez a un tiempo más primitivo en que el olor era sumamente importante para las relaciones sexuales.

A medida que ocurren estas modificaciones, el hombre o la mujer pueden empezar a emplear ciertos gestos que el doctor Scheflen compara al arreglo que hacen las aves de sus plumas. La mujer alisará el pelo o verificará el maquillaje, pondrá en orden la ropa, o apartará el pelo de la cara, mientras el hombre se peinará, abotonará la chaqueta, enderezará el traje, estirará los calcetines, arreglará la corbata o enderezará la raya de los pantalones.

Son señales de lenguaje corporal que dicen: «Estoy interesado. Usted me gusta. Míreme. Soy un hombre atrayente –una mujer atrayente...».

La segunda etapa de esta relación sexual consiste en adoptar posturas. Observe a un hombre y una mujer en una reunión, una pareja que está empezando a conocerse y siente un creciente interés sexual recíproco. ¿Cómo se sientan? Dispondrán sus cuerpos y sus cabezas de modo que queden frente a frente. Se inclinarán el uno hacia el otro tratando de eliminar a cualquier tercera persona. Pueden hacerlo usando los brazos para cerrar un círculo, o cruzando los pies en dirección el uno al otro para excluir a cualquier otra persona.

Algunas veces, si dicha pareja comparte un diván y hay una persona en una silla delante de ellos, se sentirán divididos entre dos fuertes impulsos. Uno es el deseo de cerrar sus propios espacios, incluyéndose sólo a sí mismos, y el otro es la responsabilidad social que impone incluir a la tercera persona. Pueden resolver el dilema obteniendo lo mejor de los dos mundos. Pueden cruzar las piernas señalándose recíprocamente que constituyen un círculo cerrado. El de la derecha cruzará su pierna derecha sobre la izquierda. El de la izquierda cruzará su pierna izquierda sobre la derecha. Esto, en efecto, encierra a los dos, aparte del tercero, de la cintura para abajo. Sin embargo, la responsabilidad social hacia la tercera persona puede hacerles disponer las partes superiores de sus cuerpos mirándole a ella, abriéndose así en su dirección.

Cuando una mujer, en una reunión, quiere llevar a un hombre a una situación de intimidad en que los dos constituyan una unidad cerrada, procede como lo hace la mujer sexualmente agresiva, pero en menor grado. Emplea el lenguaje corporal, que incluye las miradas de seducción, sostenerle la mirada a él, ladear la cabeza, mover las caderas, cruzar las piernas mostrando parte del muslo, poner una mano en la cadera, o poner en evidencia la muñeca o la palma de la mano. Todas éstas son señales conocidas que llevan un mensaje sin palabras. «Venga y siéntese cerca de mí. Usted me parece atrayente. Quisiera conocerle mejor».

Tomemos ahora una situación sin implicaciones sexuales. En una sala de conferencias de una gran firma industrial, un hombre y una mujer, ambos ejecutivos, discuten los costes de producción con otros empleados. Pueden emplear lo que aparentemente serían las mismas señales sexuales. Usan un lenguaje corporal que en otras circunstancias sería una invitación a insinuaciones sexuales y, sin embargo, es evidente que estos dos tienen la mente puesta en el asunto de negocios que analizan. ¿Están disimulando sus verdaderos sentimientos, sienten realmente un deseo sexual recíproco? ¿O estamos nosotros interpretando erróneamente su lenguaje corporal?

En un seminario de colegio, ojos no iniciados tienen la impresión de que una de las jóvenes estudiantes está empleando el lenguaje corporal para enviar señales al profesor, señales que invitan a un encuentro amoroso. Él, a su vez, reacciona con asentimiento. ¿Están ellos realmente enamorándose o son estas señales, en realidad, no sexuales? ¿O hay algo equivocado en nuestra interpretación del lenguaje corporal?

Un seminario de grupo psicoterapéutico tiene un psicoterapeuta de grupo que emplea el lenguaje corporal para hacerle «propuestas» a una de las mujeres. ¿Estará extralimitándose y violando el código de la ética? ¿O será esto parte de la terapéutica? O, por otra parte, ¿serán confusas las señales?

Después de examinar cuidadosamente estas situaciones y otras semejantes, el doctor Scheflen llegó a la conclusión de que a menudo señales sexuales son enviadas cuando las personas implicadas no tienen la intención de establecer relaciones sexuales. Sin embargo, sostiene que las señales en lenguaje corporal enviadas cuando se espera que lleven finalmente a relaciones sexuales, no son exactamente las mismas que las enviadas con finalidades no sexuales. Hay sutiles diferencias que anuncian: «Estoy interesada en usted y deseo hacer negocios con usted, pero esto no es un asunto sexual».

Encuentros semisexuales

¿Cómo nos comunicamos los unos a los otros que un encuentro no será sexual? Lo hacemos enviando otra señal que se superpone a la primera, un poco más de lenguaje corporal junto con el evidente lenguaje corporal básico, otro caso de dos señales en una sola banda de comunicación.

Un método para hacer saber al oponente que las señales sexuales no deben tomarse al pie de la letra, consiste en referirse de algún modo al hecho de que se trata de una reunión de negocios, o de una sala de clases, o de un grupo psicoterapéutico. Podría ser algo tan sencillo cuanto un gesto o un movimiento de ojos, o de la cabeza hacia alguna autoridad, o hacia otros miembros de la reunión.

Otro recurso para separar el sexo de los negocios es hacer señales de lenguaje corporal incompletas, omitir una parte importante de las mismas. Dos personas que se sientan juntas en una reunión de negocios pueden adoptar una posición de carácter sexual sentándose el uno frente a la otra, pero pueden volver parte del cuerpo en otra dirección, o poner los brazos de forma que incluyan a otros en su círculo privado. Pueden romper el contacto de socios con los ojos, o levantar la voz para incluir a todos los que se hallan en la sala.

En cada caso ha de faltar un elemento vital del encuentro sexual. El elemento que falta puede ser la vinculación visual, una voz baja y privada, los brazos dispuestos para que incluyan sólo al oponente o cualquiera de otras intimidades.

Otro modo de poner la situación en un nivel no sexual es recurrir a una negación formal, mencionando en la conversación a una mujer, a un amigo, a una novia. Esto lleva la situación a un enfoque verdadero y le dice al oponente: «Somos amigos, no amantes».

Esto nos hace volver a la teoría del doctor Scheflen de que la conducta se da en unidades específicas que constituyen luego patrones totales. Si algunas de las unidades son omitidas, el patrón es distinto. En este caso cambia de sexual a no sexual, pero continúa con una fuerte interacción hombre-mujer. Cierta rutina comercial se impone, pero está condimentada con las especias de cierta provocación sexual. Los participantes, sin expectativa alguna de gratificación sexual, exploran sin embargo el hecho de que hay una diferencia sexual entre ellos. El hombre de negocios emplea señales de lenguaje corporal sexuales para lograr a través de ello cierta relación. El intelectual lo emplea como ayuda a la enseñanza, y el terapeuta para ayudar en una situación psicológica determinada, pero todos tienen conciencia de que están sólo valiéndose de su sexo, no buscando una satisfacción sexual.

No hay, sin embargo, garantía alguna de que en cualquiera de estas situaciones la sexualidad no se afirme. Hubo ya muchos profesores que respondieron sexualmente a las alumnas, hombres de negocios a mujeres de negocios, y terapeutas a pacientes para que todos estos encuentros sean algo picantes y algo prometedores.

Estos encuentros semisexuales ocurren con tanta frecuencia que pueden considerarse una parte innata de nuestra cultura. No ocurren sólo fuera de casa, sino también entre padres e hijos, dueños de casas y huéspedes, aun entre dos mujeres o dos hombres. Lo que hay que comprender claramente en esta relación sexual-no-sexual es que se trata de un juego. Desde el comienzo, está presente la descalificación del hecho. Si todo se hace como es debido, no debe haber la posibilidad de que uno de los oponentes de golpe despierte y diga: «Pero yo pensé que su intención era...»; y el otro se vea en la necesidad de declarar: «Oh, no. No había nada de eso».

El doctor Scheflen señala que hay psicoterapeutas que emplean conscientemente esta conducta de *flirt* para influir en los pacientes. Una paciente que no se interesa por el tratamiento puede ser llevada a hablar con soltura por medio de un acercamiento sexual del terapeuta, sexual, por supuesto, en términos de lenguaje corporal. Puede arreglar la corbata, los calcetines o el pelo con cierta coquetería para sugerir un interés sexual, pero por supuesto, tiene que dar a conocer su posición real, no sexual.

El doctor Scheflen señala cierta situación de una familia que visitaba al terapeuta, una madre, una hija, una abuela y un padre. Cada vez que el terapeuta hablaba con la hija o con la abuela, la madre, que se hallaba sentada entre ellas, empezaba a transmitir señales sexuales en lenguaje corporal. Esto servía para llamar la atención del terapeuta de vuelta hacia ella, un procedimiento que es una especie de *flirt* muy común en las mujeres cuando no son el centro de las atenciones. Adoptaba una expresión mohína, cruzaba las piernas y las extendía, ponía la mano en la cadera y se inclinaba hacia adelante.

Cuando el terapeuta, inconscientemente, respondía a sus «insinuaciones», al arreglar la corbata o el pelo, o inclinándose hacia adelante, la niña y la abuela de cada lado y la madre cruzaban las piernas, colocando la pierna cruzada delante de la madre a ambos lados y, en realidad, encajonándola. Ella, entonces, detenía sus señales sexuales y se inclinaba hacia atrás.

Pero lo más interesante de toda esta charada era que el «encajonamiento» por la hija y la abuela se hacía de acuerdo con una señal del padre. La señal era balancear su pie cruzado. Todo esto se cumplía por parte del terapeuta, las mujeres y el padre sin que ninguno de ellos tuviera conciencia de las señales que enviaba.

Después de un cuidadoso análisis de la conducta sexual–no-sexual, Scheflen llega a la conclusión de que ocurre en general entre dos personas cuando una de ellas está preocupada o se aleja de la otra por algún motivo. En un grupo grande, una familia, una reunión de negocios o una clase, también se da cuando uno de los miembros es ignorado o excluido por los demás. El miembro excluido puede «arreglárselas» de un modo sexual para volver a formar parte del grupo. Cuando un miembro de un grupo se retira, también puede ser una ocasión en que el resto del grupo le llame de vuelta.

Lo importante en todo ello es conocer las señales, conocer las señales limitativas y determinantes que separan las verdaderas insinuaciones sexuales de las no sexuales. Las dos, cree Scheflen, son fáciles de confundir. En realidad hay personas que constantemente confunden el envío y la recepción de estas señales sexuales y sus matices. Hay personas que, por motivos psicológicos, no pueden llevar hasta el final un encuentro sexual y, sin embargo, proceden de un modo sexualmente seductor, particularmente cuando no deberían hacerlo.

Estas personas no sólo provocan insinuaciones sexuales sino que las imaginan en otros cuando no existen. Es la típica «provocación» que todos conocemos o la chica que está convencida de que todos tienen intenciones sexuales a su respecto.

Por otra parte, Scheflen menciona a ciertas personas que no se dan cuenta de las señales limitativas que dicen que la insinuación no es realmente sexual. Estas personas se congelan en situaciones corrientes no sexuales y se retiran.

Cómo se aprende el lenguaje corporal para estas situaciones y cómo se conocen las interpretaciones correctas, las limitaciones y distinciones en cuanto a insinuaciones sexuales y no sexuales, cómo lo aprendemos todo, es difícil explicarlo. Algo es enseñado y algo es aprendido a partir de la cultura. Cuando por algún motivo un individuo quedó separado de su sociedad y no le fue enseñada la interpretación adecuada de estas señales, puede tener que enfrentar muchas molestias. Para tal persona, el lenguaje corporal puede ser ignorado en el nivel consciente y no empleado en el nivel inconsciente.

POSICIONES, PUNTOS Y POSTURAS

Una petición de ayuda

El paciente era apenas un muchacho, tenía diecisiete años pero parecía más joven. Era pálido y delgado y en su cara había una curiosa indeterminación, como si alguien se hubiera arrepentido al crearlo y hubiera querido apagar sus rasgos, pero sólo hubiera podido enturbiarlos. Vestía de modo descuidado y algo sucio. Estaba sentado con los brazos cruzados, la mirada vacía y aparentemente desatento. Sus movimientos eran rígidos y contenidos. Quieto, tenía un aspecto desplomado y pasivo.

El terapeuta miró subrepticiamente su reloj, feliz de que la hora hubiera terminado, y se forzó a sonreír. «Esto es todo. Hasta mañana, pues».

El muchacho se puso de pie y se encogió de hombros. «¿Qué mañana? No se preocupe por mañana. Seguro que no pasaré de esta noche. No habrá ningún mañana para mí».

En la puerta el terapeuta dijo: «Vamos, Don. Usted nos ha amenazado con suicidarse todas las semanas en los últimos seis meses».

El muchacho le dirigió una mirada opaca y se fue, y el terapeuta quedó de pie, inseguro, mirando hacia la puerta. Don era su último paciente del día y debía sentirse aliviado. En cambio estaba lleno de una desazón que aumentaba sin cesar. Intentó trabajar en sus notas durante un momento pero no pudo. Algo le preocupaba, algo respecto al muchacho. Era la manera en que había hablado, ¿su amenaza de suicidio? Pero amenazaba tantas veces con suicidarse. ¿Por qué era distinta esta amenaza?

¿Por qué estaba angustiado? Recordó su sensación de incomodidad durante la sesión, cómo el muchacho había tenido una actitud pasiva. Recordó sus gestos, la reducida amplitud de sus movimientos, su incapacidad para sostener la mirada.

Incómodo, el terapeuta recapituló la hora. De algún modo se había convencido de que esta vez era distinto, de que esta vez el muchacho pensaba en el suicidio. Pero, ¿qué había dicho que fuera distinto? ¿Qué había dicho que no hubiera ya dicho en todas las otras sesiones?

El terapeuta fue hacia la consola donde se hallaba oculta la grabación, que era su medio de conservar cada sesión, y reprodujo la cinta de la última hora. No había en las palabras del muchacho ninguna pista de algo distinto o desacostumbrado, pero el tono de la voz no tenía relieve, ni vida, era pasiva.

Creció su incomodidad. De algún modo, había habido un mensaje durante la sesión. Tenía que confiar en ese mensaje aun sin saber de qué se trataba. Finalmente, algo contrariado consigo mismo, llamó a su mujer y dijo que llegaría tarde a casa, y se puso en camino a la casa del muchacho.

El resto de la historia es sencillo y directo. El terapeuta tenía razón. El muchacho intentó el suicidio. Había ido directamente a su casa, tomado un frasco de píldoras en el botiquín familiar y se había encerrado en su habitación. Afortunadamente el terapeuta llegó a tiempo. Los padres fueron rápidamente convencidos y el médico de la familia pudo lavar el estómago del muchacho con un emético. La buena conclusión de la historia es que este acontecimiento fue el punto de partida de la mejora del muchacho, que progresó luego rápidamente.

«Pero ¿por qué?», preguntó luego la mujer del terapeuta. «¿Por qué fuiste a casa del chico?»

«No lo sé, excepto que –al diablo con todo esto– no fue nada de lo que dijo, pero algo me estaba gritando que esta vez tenía la intención de matarse. Me dio una señal, pero no se cómo, tal vez estuviera en su cara, o en sus ojos, o en sus manos. Tal vez en su modo de sentarse y en el hecho de que no se rió cuando le conté un chiste, un buen chiste. No necesitó emplear palabras. Todo en él me dijo que esta vez tenía la intención de hacerlo».

Este episodio no ocurrió hoy, ni en el curso de los últimos diez años, sino hace veinte años. Hoy casi todo buen terapeuta no sólo hubiera captado el mensaje, sino que hubiera sabido exactamente como había sido transmitido el mensaje, exactamente qué clave había dado el muchacho.

El rostro vacío, la posición desatenta, las manos cruzadas, habrían deletreado un significado, tan claramente como un discurso. En lenguaje corporal el muchacho estaba diciéndole al terapeuta lo que pensaba hacer. Las palabras ya no eran de ninguna utilidad. Las había ya empleado para gritar sin resultado demasiadas veces, y tenía que volver a un modo más primitivo, más básico de enviar su mensaje.

Qué dice su postura

En los veinte años que siguieron a este incidente, los psicólogos se han ido dando cuenta de lo importante que es en la terapéutica el lenguaje corporal. Lo interesante es que mientras muchos emplean el lenguaje corporal en su práctica, pocos tienen conciencia de hacerlo y muchos no tienen la menor idea de lo que han hecho en el campo de la kinesia hombres como el doctor Scheflen y el doctor Ray L. Birdwhistell.

El doctor Birdwhistell, profesor de investigación antropológica también en la Universidad de Temple, que dio comienzo a la mayor parte del trabajo de base en el desarrollo de un sistema de notaciones para la nueva ciencia de la kinesia, advierte que «ninguna posición o movimiento del cuerpo por sí mismo tiene una significación precisa». En otras palabras, no podemos decir que siempre los brazos cruzados significan: «No le dejaré entrar», o que rascarse la na-

riz con un dedo significa desaprobación o rechazo, que darse un gol-
pecito en el pelo significa aprobación y levantar los dedos superioridad. Estas son ingenuas interpretaciones de kinesia, y tienden a
transformar una ciencia en un juego de salón. Algunas veces son
ciertas y otras no, pero sólo son ciertas en el contexto del patrón de
conducta de una persona.

El lenguaje corporal y el lenguaje hablado dependen el uno del
otro, sostiene el doctor Birdwhistell. El lenguaje hablado aislada-
mente no nos dará el sentido completo de lo que una persona dice,
y tampoco lo hará el lenguaje corporal. Si apenas atendemos a las
palabras cuando una persona habla, puede darse en el mensaje una
distorsión, como sucedería si atendiéramos sólo al lenguaje corporal.

Particularmente los psiquiatras, según el doctor Birdwhistell,
deben prestar atención a ambos lenguajes. Trató de enseñarles cómo
hacerlo publicando un ensayo titulado «Análisis de la comunicación en el ambiente residencial». En él explica algunos de los métodos que ha empleado para que los jóvenes médicos en aprendizaje
adquieran conciencia del potencial de comunicación del lenguaje
corporal.

Constituye un aparte interesante el hecho de que el doctor
Birdwhistell haya ayudado a desarrollar el concepto de un «tiempo
de mirar moral». El cree que una persona puede observar los ojos, la
cara, el abdomen, las piernas y otras partes del cuerpo sólo durante
un cierto tiempo, en caso contrario se crea una tensión tanto en el
observador como en el observado.

En sus consejos a los residentes Birdwhistell señala que casi todas las partes móviles del cuerpo contienen cierto mensaje para el
médico, pero si todo lo demás falla, hay siempre dos ejemplos clási-
cos de lenguaje corporal que puede comunicar.

Uno es la adolescente que tiene que aprender qué hacer con sus
senos recién desarrollados. ¿Cómo los debe llevar? ¿Echados hacia
adelante, con los hombros hacia atrás? ¿O debe inclinar los hombros
hacia adelante y disimular el pecho aplastándolo? ¿Qué debe hacer
con sus brazos y sus hombros, y qué puede hacer con su madre que

está todo el tiempo diciéndole: «Ponte derecha. Ten orgullo de tu cuerpo», y después dice: «No vayas por ahí exhibiéndote de esa manera; no debes usar jerseis tan ajustados».

Tengo una joven amiga de menos de veinte años que es particularmente desinhibida y segura de sí. Al verse en un espejo mientras se probaba un bikini, le dijo a su madre: «¿No son magníficos? No me importa ser quemada cuando muera. ¡Los haré vaciar en bronce para la posteridad!».

La mayor parte de las jóvenes de esa edad no tienen tanto orgullo de su cuerpo, y sus senos recién desarrollados se vuelven un verdadero problema. El médico residente puede aprender a darse cuenta de que las modificaciones de la postura de una joven pueden ser señal de depresión, de excitación, de que se le haga la corte, de enojo, o hasta una petición de auxilio. Con el tiempo, en su práctica, se hará capaz de reconocer e interpretar algunos de los diversos problemas de sus pacientes de menos de veinte años según su postura.

Otro ejemplo que el doctor Birdwhistell emplea para los residentes es lo que denomina «notable capacidad de distensión y contracción del abdomen y vientre del hombre».

Vimos que en el momento de cortejar el hombre endurece los músculos abdominales y encoge el vientre. En momentos de depresión puede relajar particularmente estos músculos y dejar que el vientre caiga. El grado de tensión de estos músculos puede informar sobre el estado emocional y mental de un hombre. Debemos comprender que el cuerpo entero significa para el lenguaje corporal lo que los órganos del habla para el lenguaje hablado.

El doctor Paul L. Wachtel del Downstate Medical Center, de la State University de Nueva York, estudió la comunicación no verbal de pacientes psiquiátricos y publicó un artículo con el título «An Approach to the study of Language in Psychotherapy.

Cada movimiento o posición del cuerpo, según el doctor Wachtel tiene funciones adaptativas, expresivas y defensivas, algunas conscientes y otras inconscientes. «Buscamos», dijo, «una completa valorización clínica del sentido del empleo del cuerpo por parte del paciente».

Para obtener los datos, el doctor Wachtel filmó entrevistas y luego pasó varias veces los films, comparando el lenguaje del cuerpo con la comunicación verbal. Una de las cosas que aprendió observando los films fue a determinar el momento en que hay que fijarse para captar los gestos significativos. Teóricamente es posible saberlo oyendo al paciente, pero en la realidad los movimientos son demasiado rápidos y no son percibidos durante la entrevista. Los films pueden pasarse despacio y repetirse, como una máquina del tiempo, para recordar cualquier parte de la entrevista a voluntad.

Un ejemplo de cómo ayuda el lenguaje corporal, dijo el doctor Wachtel, apareció en una entrevista con una persona extremadamente perturbada que no sabía cuáles eran sus sentimientos hacia un amigo con quien se hallaba comprometida.

En la película observó que cada vez que se enojaba hacía ciertos gestos. Cuando repitió estos mismos gestos al mencionar el nombre del amigo, se le pudo mostrar gráficamente lo que sentía por ese amigo. Comprender nuestras emociones es, por supuesto, el primer paso para resolverlas.

El doctor Wachtel considera el lenguaje corporal una tentativa consciente o inconsciente del paciente de comunicarse con el terapeuta. Uno de los pacientes que estudió se inclinaba hacia atrás y juntaba las manos cuando el terapeuta se acercaba a áreas perturbadoras. «Tal vez», dijo el doctor Wachtel, «esto sea una expresión de resistencia relativamente común».

Distintos lugares, distintas posturas

El aceptar el punto de vista de que el hombre emplea más de una forma de comunicación representa muy positivas ventajas tanto para el psiquiatra como para el ciudadano corriente. El psiquiatra puede aprender lo que hay que esperar de su paciente y, el ciudadano corriente mucho de lo que puede esperar de la gente con quien trata si comprende que reacciona en el nivel de un lenguaje corporal tanto como en el nivel verbal.

Esta conciencia de la existencia del lenguaje corporal es a menudo la llave de las relaciones personales y puede ser el secreto que permite a tantos hombres manejar a otros. Algunas personas parecen tener la capacidad de interpretar el lenguaje corporal y manipular a la gente con sus cuerpos tanto como con sus voces.

Además, esta conciencia del lenguaje corporal de otros y la capacidad de interpretarlo crea en uno la conciencia de su propio lenguaje corporal. Al empezar a recibir e interpretar las señales que otros mandan, empezamos a organizar nuestras propias señales y logramos un mayor control de nosotros mismos, llegando a funcionar con mayor eficacia.

Sin embargo, es muy difícil llegar a controlar todos los métodos de comunicación. Hay literalmente millares de unidades de información que los seres humanos intercambian en pocos momentos. Nuestra sociedad nos programa para manejar estas unidades de datos, pero en un nivel inconsciente. Si las llevamos a la conciencia, corremos el riesgo de equivocarnos en su manejo. Si tenemos que pensar en lo que estamos haciendo, resulta muchas veces más difícil hacerlo. La mente consciente no es necesariamente más eficaz que la mente inconsciente.

Pese a ello, los psiquiatras siguen estudiando todos los aspectos de la comunicación corporal. El doctor Scheflen se interesó particularmente por el significado de la postura en los sistemas de comunicación. En un artículo del periódico *Psychiatry* señala que el modo como las personas mantienen sus cuerpos puede decirnos mucho sobre lo que ocurre cuando dos o más personas se reúnen.

«No hay más que unos treinta gestos norteamericanos tradicionales», escribe el doctor Scheflen, y agrega que hay todavía menos posturas del cuerpo que tengan sentido para la comunicación, y que cada una de ellas sólo aparece en un número limitado de situaciones. Como ejemplo, aduce que una postura como reclinarse en una silla pocas veces la tomará un vendedor que trata de vender algo a un cliente de mayor importancia que él.

Aunque todo el mundo en Norteamérica está familiarizado con las diversas posturas que los norteamericanos pueden adoptar, esto no quiere decir que cada uno las utilizara todas. Un estudiante de diecinueve años de Nueva York adoptará posturas distintas de las de una ama de casa del Medio Oeste, y un obrero de la construcción del estado de Washington adoptará posturas distintas de un vendedor de Chicago. El doctor cree que un verdadero experto en lenguaje corporal podría decir exactamente de qué parte del país viene un hombre por la forma en que mueve la frente mientras habla. Pero semejante experto todavía no se ha desarrollado.

Todos tenemos conciencia de diferencias regionales en el lenguaje corporal cuando observamos un mimo de talento. A través de gestos específicos el mimo puede decirnos no sólo de qué parte del mundo viene su personaje, sino además qué hace para ganarse la vida. Cuando yo era estudiante, en los días en que los jugadores de fútbol eran héroes colegiales, muchos muchachos que no eran atletas imitaban la manera de caminar de los jugadores de fútbol con bastante éxito, logrando interesar a las chicas.

El movimiento y el mensaje

El doctor Birdwhistell, en su trabajo sobre kinesia, trató de determinar exactamente qué gestos transmitían determinados mensajes. Una de las cosas que descubrió es que todo norteamericano al hablar mueve la cabeza cierto número de veces durante una conversación. Si se filma una típica conversación entre dos norteamericanos y luego se pasa el film despacio para estudiar los elementos de postura, se observará un movimiento de cabeza cuando se espera una respuesta. El movimiento de cabeza al final de cada enunciado es una señal para que el interlocutor empiece a responder.

Esta es una de las maneras en que dirigimos nuestras conversaciones habladas. Permite un intercambio sin necesidad de decir, «¿Acabó usted de hablar? Ahora hablaré yo».

Por supuesto, las señales en otras regiones del mundo serán distintas. En teoría, observar a dos personas que hablan daría una buena pista para conocer su nacionalidad.

En nuestro lenguaje, una variación en el tono de la voz al final de una frase puede tener diversas significaciones. Si la voz sube, el que habla está haciendo una pregunta. Pregunte: «¿Qué hora es?» y observe como su voz pronuncia la última sílaba. «¿Cómo está usted?», «¿Le gustó su puesto?»*.

Esta es una característica lingüística. El doctor Birdwhistell descubrió cierto número de características kinésicas que suplementan las características verbales. Observe la cabeza de un hombre cuando hace una pregunta «¿Qué hora es?», su cabeza se levanta en la última sílaba. «¿Dónde va usted?». Como la voz, la cabeza se levanta al final de la pregunta.

Este movimiento hacia arriba al final de una pregunta no se limita a la voz y la cabeza. También la mano tiende a moverse hacia arriba con la altura de la voz. Los gestos de las manos aparentemente sin sentido que llevamos a cabo mientras hablamos están vinculados a la altura de la voz y al sentido. El párpado también se abrirá más con la última nota de la pregunta.

Del mismo modo que la voz sube al final de una pregunta, su tono baja al final de una afirmación. «Me gusta este libro», «Me gustaría un poco de leche con la torta». En ambos casos, la voz baja al final de la frase.

La cabeza también acompaña la voz que baja al final de la afirmación, y según el doctor Birdwhistell también lo hacen la mano y el párpado.

Cuando el que habla tiene la intención de seguir hablando, su voz mantiene la misma altura, su cabeza queda derecha, sus ojos y manos no cambian de posición.

Estas son apenas algunas modificaciones de posición de ojos, cabeza y manos cuando los norteamericanos hablan. Muy raramente conservamos nuestras cabezas en una misma posición por más tiempo que el de una o dos frases. Los escritores tienen conciencia de esto y también de que el movimiento de la cabeza no está sólo vinculado a lo que se dice, sino también a su contenido emocional. Para caracterizar a una persona «fría», que no demuestra ni siente emociones, el escritor la presentará estólida, físicamente inconmovible. James Bond, en los films inspirados en las aventuras de 007 de Ian Fleming, era representado por Sean Connery en un estilo impasible. Su cara no se movía, siquiera frente a la extinción. Era una caracterización excelente, puesto que desempeñaba el papel de un hombre sin emociones.

En el folklore judío un golem es un ser que no tiene expresión y, por supuesto, no siente emociones. La modelo de alta costura se mantiene rígida, en una pose poco natural, para excluir la comunicación de emociones. Al hablar, el hombre y la mujer normales, sin embargo, miran a la derecha y a la izquierda, arriba y abajo. Parpadean, suben las cejas, se muerden los labios, se tocan la nariz, y cada uno de esos movimientos está ligado a lo que dicen.

Dada la tremenda variedad de movimientos individuales es en general difícil vincular determinado movimiento a un mensaje específico, pero es bastante cierto, parafraseando a Marshall McLuhan, que el movimiento es el mensaje. El doctor Scheflen, al estudiar las sesiones psiquiátricas, descubrió que cuando un terapeuta explica algo a un paciente emplea una posición de la cabeza, pero cuando interpreta alguna observación o conducta emplea otra posición. Cuando interrumpe al paciente utiliza una tercera posición y tiene todavía una cuarta posición para escuchar.

También el paciente, cuando escucha al terapeuta, adopta ciertas posiciones definidas. En un caso estudiado por el doctor Scheflen, el paciente ponía la cabeza hacia la derecha cuando procedía de modo infantil, y la mantenía erecta cuando hablaba agresivamente y con madurez.

La dificultad para estudiar e interpretar estos movimientos es que son mociones kinésicas personales, relacionadas con acontecimientos del pasado de este o aquel paciente particular. No todos los pacientes ladean la cabeza cuando proceden de un modo infantil, y no todos los terapeutas hacen el mismo movimiento con la cabeza cuando escuchan. Sin embargo, es bastante probable que el mismo hombre repita el mismo movimiento muchas veces. El doctor Scheflen quedó sorprendido al comprobar que estos movimientos de cabeza, repetidos tantas veces durante una entrevista de treinta minutos, eran tan estereotipados y rígidos, pero señaló que en ésta como en muchas otras sesiones que estudió, el paciente y el médico raramente empleaban una gran variedad de movimientos.

No debería por lo tanto ser muy difícil determinar algunas posiciones específicas de una persona y luego relacionarlas con declaraciones, o tipos de declaraciones, preguntas, respuestas, explicaciones, etc.

Posturas y presentaciones

Los movimientos de cabeza, párpados y manos, no representan realmente movimientos de posturas, y el doctor Scheflen los denomina «puntos». Una secuencia de varios puntos la califica de «posición» lo cual se halla mucho más cerca de una postura. Una posición, dice, consiste en «un gran movimiento de postura que implique por lo menos la mitad del cuerpo». Una posición puede durar cerca de cinco minutos.

La mayor parte de las personas en una situación social pasarán por varias posiciones, de dos a cuatro probablemente, aunque el doctor Scheflen ha observado a psicoterapeutas que mantuvieron la misma posición durante veinte minutos.

Para ilustrar el empleo de las posiciones, imagínese una situación en que un hombre se mantiene dentro de un asunto particular. El oyente se reclina hacia atrás en la silla, con los brazos y las piernas cruzadas, mientras escucha las ideas del que habla. Cuando el oyente llega a un punto en que está en desacuerdo con el que habla, cambia de posición como preparación para manifestar su protesta. Puede inclinarse hacia adelante y descruzar los brazos y las piernas. Tal vez levante una mano con el índice apuntado mientras empieza a lanzar su rechazo. Cuando termine, volverá a reclinarse hacia atrás, en la posición inicial, con los brazos y piernas cruzados –o tal vez asuma una tercera posición en la que sus brazos y piernas no están cruzados cuando se recline, señalando que se halla dispuesto a oír sugerencias.

Si se consideran todas las posiciones que un hombre o una mujer adopta durante el curso de una conversación, se tendrá lo que el doctor Scheflen clasifica como «presentación». Una presentación puede durar hasta algunas horas, y termina con un completo cambio de localización. Abandono de la habitación, una llamada telefónica, la busca de cigarrillos, la ida al aseo, cualquier movimiento que corte la conversación, termina la presentación. Si la persona vuelve, entonces se inicia una nueva presentación.

La función de la postura en la comunicación, cree el doctor Scheflen, es señalar estas unidades, estos puntos, estas posiciones y presentaciones. Las mismas unidades sirven de puntuación para la conversación. Las diferentes posiciones se relacionan con diferentes estados emocionales, y a menudo los estados emocionales pueden restablecerse cuando la persona recobra la posición original en que ocurrieron. El psicoterapeuta celoso y observador se dará cuenta, después de algún tiempo, de qué posturas están asociadas con los estados emocionales. Esto corresponde a lo mismo que el doctor Wachtel observó. La mujer que había estudiado hacía un gesto definido cuando estaba enojada.

El hombre corriente que comprende el lenguaje corporal y lo emplea, posee el dominio de esas posturas, aunque puede no ser consciente de ello, y puede relacionarlas con los estados emocionales de la gente que conoce. De este modo estará siempre un paso por delante de los demás al tratar con la gente. Este arte puede ser enseñado puesto que es función de una cuidadosa observación, pero sólo puede ser aprendido si se es consciente de que existe.

Antes de que la postura fuera analizada cuidadosamente, los psiquiatras tenían conciencia de que existía. El terapeuta, en la anécdota del comienzo de este capítulo, tenía conciencia de un cambio de postura de su paciente. No sabía de modo consciente que una grave depresión que tiende al suicidio está vinculada con una determinada postura, una falta de animación y humor, una pasividad y un decaimiento general, pero inconscientemente se daba cuenta de ello, lo suficiente para quedar preocupado y, finalmente, dar los pasos necesarios para salvar a su paciente.

Del mismo modo que el bajar la cabeza indica el fin de una afirmación, o el levantar la cabeza el fin de una pregunta, las modificaciones posturales mayores indican puntos finales en las interpretaciones, el final de un pensamiento, el final de una declaración. Por ejemplo, un cambio de posición en virtud del cual usted ya no está frente a la persona con quien hablaba, significa a menudo que usted acabó de hablar. Usted desea volver su atención a algo distinto por el momento.

Estamos familiarizados con todo esto en la forma exagerada que asume cuando un niño se cansa de un discurso que le hacen sus padres. Su «Sí, sí, ya lo sé!» se acompaña con un real y físico dar la espalda, que quiere decir: «¡Basta ya! ¡Dejadme en paz!».

Sin embargo, Scheflen, Birdwhistell y otros investigadores previenen del peligro que significa intentar ligar específicas modificaciones de posturas a específicas declaraciones vocales. Debemos cuidarnos de resolver que una modificación de postura significa siempre esto, y otra modificación siempre esto otro. «El sentido o función de un acontecimiento», explica Scheflen, «no se halla contenido en el mismo, sino en su relación con el contexto». La modificación de una posición significa que algo ocurre. No siempre nos dice qué es lo que ocurre. Tenemos que estudiar la modificación en relación con todo el episodio para descubrirlo.

Estas modificaciones también varían de cultura a cultura. En los países latinos los brazos desempeñan un papel más importante en la comunicación. Toda declaración va acompañada de amplios movimientos de la mano. En los países nórdicos más rígidos movemos muy poco las manos cuando hablamos.

La otra noche observé al evangelista Billy Graham en la televisión y me di cuenta de que posee cierto número de movimientos posturales rígidos de lenguaje corporal. Su índice derecho acompaña las palabras que pronuncia señalando hacia arriba cuando promete recompensas celestiales y precipitándose hacia abajo en un gigantesco círculo cuando hace una admonición. Otro gesto favorito es colocar ambas manos paralelas y abiertas delante del pecho y subirlas y bajarlas con movimientos bruscos. Su gran auditorio y el número de conversiones que ha realizado no dejan duda respecto a la eficacia de sus posturas, aunque una mirada objetiva basta para advertir que se trata de posturas muy bien ensayadas, más bien que de posturas inconscientes. La cuestión es que llevan una carga emocional que acompaña a sus palabras, que crean un aura».

La famosa película *King Kong* tenía escenas en que un monstruo gigantesco se movía de un modo extraordinariamente vívido. Mucho se debía a la comprensión del lenguaje corporal por parte de los directores de la película. Cuando Kong tenía en la palma de su mano a Fay Wray y la miraba, inclinaba la cabeza hacia un lado en una conmovedora copia de un gesto completamente humano.

El reconocimiento de lo importante que es el lenguaje corporal para proyectar una imagen humana o amistosa llevó a políticos altamente situados a adoptar varias generalidades del lenguaje corporal en un intento de lograr el indefinible algo que denominamos carisma.

John Kennedy lo tenía y, sea lo que fuera que dijera, unos pocos gestos, una correcta postura, cautivaban al auditorio. Robert Kennedy, que no era un hombre alto, parecía muy alto debido a su manipulación de la postura. Johnson tomó lecciones de lenguaje corporal e intentó en vano transformar su imagen, y Richard Nixon también tiene conciencia de la importancia del lenguaje corporal y trata conscientemente de manipular al auditorio. Este empleo del lenguaje corporal es una bendición para el actor que mimetiza a estos políticos. David Frye, el mimo, recurre mucho a estas intencionadas posturas para hacer sus perfectas caracterizaciones.

Luchando por la posición

La postura no es sólo un medio de puntuar la conversación, es también una manera con que las personas se relacionan entre sí cuando están reunidas. El doctor Scheflen dividió en tres grupos todas las posturas que se pueden adoptar cuando se está con otras personas: 1) inclusivo-no inclusivo, 2) de orientación frente a frente o paralela y 3) de congruencia-incongruencia.

La inclusividad o no-inclusividad describe la manera en que los miembros de un grupo incluyen o no incluyen a la gente. Lo hacen colocando sus cuerpos, brazos o piernas en ciertas posiciones. En un cóctel, un grupo de personas puede crear un pequeño círculo que excluye a los demás. Si tres miembros de un grupo están sentados en un diván, los dos de las puntas pueden «cerrar» volviéndose hacia adentro alrededor del que está en el centro, y excluir a otros. De este modo realizan la inclusividad. Pueden también cruzar las piernas encerrando al miembro o a los miembros centrales.

En el capítulo anterior vimos cómo la abuela y la hija, en un grupo terapéutico, encerraban a la madre para mantenerla alejada de las insinuaciones del terapeuta. Es un recurso a menudo empleado para mantener a los que no son miembros fuera del grupo, o para conservar dentro del grupo a los miembros que le pertenecen.

Los brazos y las piernas de los miembros del grupo se emplean inconscientemente para proteger al grupo de la intrusión. Si se observan los grupos en cualquier reunión, casamientos, cócteles, asambleas o recepciones en casa, se verá el gran número de curiosas maneras en que los miembros de un grupo protegen a su grupo. Un hombre en una reunión social es capaz de colocar un pie sobre una mesa baja para que constituya una barrera contra los de fuera. Algunas veces el sexo determina el modo en que los miembros de un grupo excluyen a otros. El doctor Scheflen cuenta que en un seminario de un hospital los miembros masculinos del personal se colocaron entre los miembros femeninos y un visitante masculino. Era como si estuvieran protegiendo un preciado tesoro de los de fuera, y sin embargo puede no haber habido nada sexual en la cuestión. Los miembros femeninos del personal eran apenas parte de un grupo que es automáticamente protegido por los miembros masculinos.

La clave del *status* de un grupo puede determinarse cuando el grupo está situado en fila en un diván, a lo largo de una pared, o en una conferencia. Los miembros más importantes tienden a ubicarse en las puntas.

En nuestro análisis de los territorios personales explicamos la significación de las zonas corporales en diferentes culturas. Cuando los hombres norteamericanos se encuentran en una situación en que sus zonas territoriales son violadas por la aglomeración reaccionan a menudo de modo curioso. Dos hombres obligados a sentarse muy cerca en un diván pueden volver el cuerpo en sentido contrario y cruzar las piernas en sentido contrario. Cada uno puede, además, levantar el brazo próximo al vecino hacia la cara para crear una barrera más.

Cuando un hombre y una mujer se ven en la necesidad de sentarse muy cerca y frente a frente, no siendo íntimos, pueden cruzar los brazos y las piernas, como protección, y respaldarse alejándose el uno del otro. Una buena manera de observar estas y otras defensas, es penetrar experimentalmente en el territorio de la gente en reuniones y ver cómo reaccionan, qué defensas crean.

La segunda categoría relativa a la postura es la que el doctor Scheflen denomina *frente a frente* o de *orientación paralela del cuerpo*. Esto supone, sencillamente, que dos personas pueden relacionarse desde el punto de vista de la postura, sea enfrentándose, sea sentándose paralelamente uno al lado del otro, tal vez orientados hacia una tercera persona. Si hay tres personas en juego, dos serán paralelas y una se hallará de frente. En grupos de cuatro, dos parejas paralelas se enfrentarán.

Si las circunstancias impiden que los cuerpos se dispongan de ese modo, las personas tratarán de disponer favorablemente la cabeza, los brazos y las piernas.

La disposición frente a frente es usual en las relaciones profesor-alumno, médico-paciente, o amante-amante, en que se transmiten emociones o información. Las disposiciones paralelas indican actividades que requieren una sola persona. Leer, oír un cuento, mirar la televisión o un espectáculo puede hacerlo una persona sola y se hace también en posición paralela cuando se trata de más de una persona.

Las disposiciones frente a frente indican una reacción entre dos personas implicadas entre sí. Los arreglos paralelos, cuando son libremente adoptados, indican que es probable que las dos personas están en situación neutral, por lo menos en ese momento. La manera como se coloca una pareja en una reunión social dice mucho de su relación. En una situación paralela la intimidad puede asimismo afirmarse adoptando una posición frente a frente con la parte superior del cuerpo.

La última categoría, *congruencia-incongruencia*, se refiere a la capacidad de los miembros de un grupo para imitarse los unos a los otros. Cuando un grupo se halla en congruencia, las posiciones de sus cuerpos serán copias las unas de las otras, en ciertos casos como imágenes en un espejo.

Es interesante observar que cuando un miembro de un grupo congruente cambia de posición, todos lo hacen con él. En general la congruencia de posición de un grupo indica que todos los miembros se hallan de acuerdo. Si el grupo tiene dos puntos de vista, los defensores de cada punto de vista adoptarán posiciones distintas. Cada subgrupo será congruente en sí, pero no congruente con el otro.

Viejos amigos, cuando discuten sobre algo, adoptarán posiciones congruentes para mostrar que, pese a la discusión, siguen siendo amigos. Un marido y una mujer, si están muy próximos, adoptarán posiciones congruentes cuando uno de ellos es atacado. En lenguaje corporal están diciendo: «Le doy mi apoyo, estoy de su parte».

Los que quieren mostrar que se hallan un grado por encima del resto de un grupo pueden deliberadamente asumir una posición no congruente. En las relaciones de médico-paciente, padre-niño, profesor-estudiante, las posturas serán no congruentes para destacar *status* o importancia. El hombre que en una reunión de negocios adopta deliberadamente una posición poco corriente lo hace en un intento de atribuirse un *status* más elevado.

Conozco al jefe de una empresa editora que adopta una posición muy curiosa durante las conferencias. Se reclina hacia atrás, cruza las manos muy alto detrás de su cabeza y se queda en esa posición con los codos separados como alas. Esto en seguida le destaca e indica su *status*. Le hace más alto que los otros hombres en la conferencia.

Me han señalado, sin embargo, que alguien que le es inmediatamente subordinado, muchas veces, después de un determinado intervalo, copia exactamente la posición del jefe, diciéndole en lenguaje corporal: «Estoy de su lado. Le soy fiel, jefe». Puede asimismo estar diciendo: «Trato de calentarme al sol de su importancia». Hay también la posibilidad de que quiera decir: «Estoy intentando sucederle».

El líder en cualquier reunión, social o familiar, muchas veces elige la posición del grupo y uno por uno todos le siguen. En una familia, si la mujer elige la posición, es probable que sea la que mandó en el momento de tomar una decisión y que, en efecto, lleve los pantalones en la familia.

Tres claves de la conducta familiar

Estudie cuidadosamente la distribución de una familia alrededor de la mesa. ¿Quién se sienta primero y dónde? Un psicólogo amigo mío lo estudió y analizó las posiciones de una familia de cinco miembros en términos de relaciones familiares.

«En la familia», explica, «el padre se sienta a la cabecera de la mesa y es también el miembro dominante de la familia. Su mujer no se halla en competición con él por el dominio, y se sienta a su derecha. Desde un punto de vista racional, la posición se justifica, pues están lo bastante cerca para conservar cierta intimidad en la mesa, y están también próximos a los niños».

«La situación de los niños es interesante. La niña mayor, que se halla en competición con la madre por el afecto del padre, en nivel inconsciente, se sienta a la izquierda del padre, en congruencia con la posición de la madre.»

«El menor, un muchacho, tiene interés por su madre, lo que es una situación normal para un varón, y se sienta a su derecha, a cierta distancia del padre. La niña del medio se sienta a la izquierda de la hermana. Su posición en la mesa, como su posición en la familia, es ambivalente.»

Lo interesante en toda esta distribución es la localización inconsciente de todos los miembros de acuerdo con la interrelación familiar. Esta selección de la posición puede empezar con la misma selección de una mesa. Hay más posibilidad de disputar el dominio alrededor de una mesa oblonga que de una mesa redonda.

La elección de la posición del marido y de la mujer es importante para la comprensión de la disposición familiar. Un marido y una mujer que se sientan cada uno en una de las puntas de la mesa se hallan, generalmente, en conflicto respecto a la posición dominante en la familia, aunque el conflicto pueda ser inconsciente.

Cuando el marido y la mujer eligen sentarse lindando con una esquina, se hallan en general seguros en sus papeles conyugales y han resuelto sus conflictos de uno u otro modo. ¿Cuál de los dos se sienta a la cabecera?

Por supuesto, si la mesa es pequeña y se miran el uno al otro a través de ella, ésta es posiblemente la posición más confortable para la intimidad.

Las posiciones frente a la mesa pueden dar una indicación respecto al predominio dentro de una familia. Otra indicación sobre las relaciones interfamiliares se puede encontrar en la rigidez o la soltura que hay en la familia.

A un fotógrafo amigo le encargaron tomar algunas fotografías informales de un candidato a alcalde de una gran ciudad del Medio Oeste, pasó un día con la familia y se fue molesto y refunfuñando.

«Tal vez haya conseguido una fotografía presentable», me dijo. «Le pedí que llamara a su perro y fue el único momento en que actuó con naturalidad».

Al pedirle explicaciones, mi amigo contestó: «La casa era uno de esos sitios ultrarrígidos, lo más rígido que jamás he visto. Fundas de plástico sobre los veladores, todo en su lugar, todo perfecto; su terrible mujer me acompañó por todas partes, levantando del suelo los «flash» que yo utilizaba y pescando con una bandeja las cenizas de mis cigarrillos. ¿Cómo podía conseguir una foto natural?».

Sabía lo que quería decir, pues he visto muchas casas así, casas que representan una familia «cerrada». Todo en la familia está encerrado, rígido. Aun las posturas que toman son rígidas, no se doblan. Todo está en su lugar en estas casas limpias, formales.

Podemos estar seguros de que, en general, la familia que vive en una casa así es menos espontánea, más tensa, y es menos probable que tenga opiniones liberales, o ideas poco comunes, siendo propensas, por el contrario, al conformismo con los estándar de la comunidad.

En contraste con ella, la familia abierta tendrá el aspecto de una casa en la que se vive, una apariencia poco ordenada, tal vez desorganizada. Serán menos rígidos, menos exigentes, más libres y más abiertos en pensamientos y actos.

En la familia cerrada es probable que cada miembro tenga su propia silla, su propio territorio. En la familia abierta no se le da importancia a ello. El que llega primero se adueña de lo que sea.

En el nivel del lenguaje corporal la familia cerrada señala su rigidez por sus movimientos rígidos, sus modales formales y su postura cuidadosa. La familia abierta señala su apertura por movimientos más sueltos, posturas descuidadas y maneras informales. Su lenguaje corporal grita: «Aflójese». Nada es muy importante. «Relájese».

Las dos actitudes se reflejan en un sentido táctil en la conducta de la madre con sus hijos. ¿Ella es una madre tensa, dominadora, o es tranquila, descuidada? Su actitud influye en los niños y se refleja en la conducta de ellos.

Estos son, por supuesto, los dos extremos. La mayor parte de las familias se encuentran a medio camino, tienen algo de apertura y algo de encerramiento. Algunas se hallan en equilibrio y otras se inclinan a uno de los extremos de la balanza. Una persona ajena a la familia, al estudiarla, puede emplear el criterio de apertura o cierre como clave para su comprensión. Una tercera clave, igualmente significativa, es la imitación familiar.

¿Quién imita a quién en la familia? Ya mencionamos el hecho de que si la mujer establece el ritmo iniciando ciertos movimientos y el resto de la familia la sigue, entonces ella es probablemente el miembro dominante.

Entre hermanos y hermanas puede averiguarse fácilmente el predominio observando cuál es el niño que hace el primer movimiento y cuáles le siguen.

Se puede comprender el respeto que rige en la familia observando cómo el lenguaje corporal es copiado. ¿El niño copia los gestos del padre? ¿La niña los de la madre? Si ocurre así podemos estar bastante seguros de que la organización de la familia se halla en buena forma. Hay que preocuparse cuando el hijo empieza a copiar los movimientos de la madre, la hija los del padre. Estos son verdaderos avisos en lenguaje corporal. «Voy por el camino equivocado. Necesito que me pongan en el camino recto».

El psicólogo cuidadoso, al atender a un paciente, tratará de descubrir algo con respecto a la organización de toda la familia y, lo más importante, cuál es el lugar de su paciente en la familia.

«Tratar a un paciente como un individuo, aparte de su familia, es tener muy poca comprensión del área más importante de su vida, su relación con su familia.»

Algunos psicólogos están empezando a insistir en que lo que conviene es una terapéutica que incluya a toda la familia, y nada tendría de extraordinario que un día los terapeutas sólo traten a los pacientes en el marco de la familia para que puedan comprender todas las relaciones familiares y cómo han influido en el paciente.

Nuestra primera relación es con frecuencia familiar, la segunda con el mundo. No podemos comprender la segunda sin explorar totalmente la primera.

PARPADEOS, GUIÑOS
Y CABECEOS

La mirada que deshumaniza

El vaquero estaba sentado descuidadamente en su caballo, sus dedos se movieron sobre el arma mientras sus ojos, helados, provocaban escalofríos en la espalda del hombre enérgico.

¿Una situación que nos es familiar? Ocurre en toda novela del Oeste, exactamente como en toda novela de amor los ojos de la heroína se *enternecen*, mientras los del héroe *arden* en los de ella. En la literatura, aun en la mejor, los ojos son *acerados, conocedores, bromistas, penetrantes, ardientes*, etc.

¿Lo son realmente? ¿Lo son alguna vez? ¿Existen la mirada ardiente, la mirada fría, o la mirada hiriente? En verdad, no existen. Lejos de ser ventanas del alma, los ojos son fisiológicamente puntos muertos, sencillos órganos de la visión y nada más, por cierto con distintos colores en las diversas personas, pero nunca realmente capaces de expresar por sí mismos las emociones.

Y, sin embargo, en todo momento leemos, oímos y hasta hablamos de ojos sabios, conocedores, buenos, malos, indiferentes. ¿Por qué semejante confusión? ¿Puede todo el mundo estar equivocado? Si los ojos no muestran emociones, ¿por qué tanta literatura, historias y leyendas a su respecto?

De todas las partes del cuerpo humano que se emplean para

transmitir información, los ojos son la más importante y pueden transmitir los más sutiles matices. ¿Es esto una contradicción respecto al hecho de que los ojos no revelan emociones? No, en realidad. Mientras en sí mismo el globo ocular no muestra nada, el impacto emocional de los ojos ocurre debido a su empleo y al empleo de la cara de su alrededor. La razón por la que confunden de tal modo al observador es que por la duración de la mirada, por la apertura de los párpados, por el fruncimiento y por una decena de manipulaciones de la piel y de los ojos, casi todas las significaciones pueden ser transmitidas.

Pero la técnica más importante en el manejo del ojo es la mirada, el fijar la vista. Con ello podemos a menudo hacer o deshacer a otra persona. ¿Cómo? Dándole o negándole el *status* humano.

Sencillamente, el manejo del ojo en nuestra sociedad se reduce a dos hechos. Primero, no demoramos la mirada en otro ser humano. Segundo, la mirada persistente está reservada a lo no personal. Miramos fijamente las obras de arte, la escultura, un paisaje. Vamos al zoológico y miramos de ese modo a los animales, los leones, los monos y los gorilas. Los miramos fijamente tanto tiempo cuanto queremos, tan íntimamente cuanto nos place, pero no miramos fijamente a los seres humanos si les concedemos un trato humano.

Podemos mirar de ese modo al payaso de un circo, pero no lo consideramos realmente un ser humano. Es un objeto que pagamos por mirar, y del mismo modo miramos a un actor en el escenario. El hombre verdadero está profundamente enmascarado detrás de su papel y nuestra mirada no le molesta. Sin embargo, el nuevo teatro que sitúa al actor en medio del auditorio a menudo nos produce un sentimiento de desagrado. Al implicarnos en su juego, el actor pierde súbitamente su *status* de no persona y mirarle fijamente se nos hace embarazoso.

Como dije antes, un norteamericano blanco del Sur puede fijar la mirada en un negro de ese modo, transformándolo con esa mirada de persona en objeto. Si deseamos ignorar deliberadamente a alguien y tratarle con cierto desprecio, podemos dirigirle esa mirada fija, esa mirada ligeramente desenfocada que en realidad no le ve, la mirada cortante de la *élite* social.

Los criados son a menudo tratados de este modo, como los camareros, las camareras y los niños. Sin embargo, eso puede ser un recurso mutuamente protector. Permite a los sirvientes funcionar eficientemente en su doble universo sin demasiada interferencia por nuestra parte, y nos permite funcionar confortablemente sin reconocer al sirviente como un compañero humano. Lo mismo ocurre con los niños y los criados. El mundo sería muy incómodo si cada vez que fuéramos servidos por un criado tuviéramos que presentarnos y prodigar amenidades sociales.

El tiempo de mirar

Con los seres humanos que no nos son familiares, cuando reconocemos su humanidad, hay que evitar mirarlos fijamente, y a la vez evitar ignorarlos. Para tratarles como personas y no como objetos, empleamos una deliberada y educada desatención. Les miramos lo bastante para que sea evidente que les vemos, y en seguida miramos hacia otro lado. Estamos diciendo en lenguaje corporal: «Sé que usted está aquí», y un momento después agregamos: «Pero ni soñaría perturbar su intimidad».

Lo importante en semejante intercambio es que nuestra mirada no se encuentre con la de aquel a quien reconocemos como persona. Lo miramos sin que las miradas se encuentren e inmediatamente desviamos la nuestra. El reconocimiento no está permitido.

Hay distintas fórmulas para el intercambio de miradas según el lugar en que se produce el encuentro. Si usted se cruza con alguien en la calle puede usted fijarse en la persona que se acerca hasta que se encuentre a una distancia de cerca de 2,40 m, luego debe mirar hacia otro lado mientras usted pasa. Antes de que se haya alcanzado esa distancia cada uno señalará en qué dirección ha de pasar. Esto se hace con una breve mirada en dicha dirección. Cada uno cambiará ligeramente de dirección y el pasaje se producirá suavemente.

En cuanto a este encuentro de pasaje, el doctor Erving Goffman, en *Behavior in Public Places*, dice que la rápida mirada y el bajar los ojos significa, en lenguaje corporal: «Confío en usted. No tengo miedo de usted».

Para reforzar esta señal, usted mira directamente a la cara del otro antes de desviar los ojos.

Algunas veces las normas resultan difíciles de seguir, particularmente si una de las personas usa gafas oscuras. Es imposible descubrir lo que está haciendo. ¿Le está mirando demasiado y con demasiada atención? ¿Le mira realmente? La persona que usa las gafas se siente protegida y resuelve que puede mirar fijamente sin que se den cuenta de su mirada. Sin embargo, esto es un engaño. Para la otra persona, las gafas oscuras parecen indicar que el que las usa está todo el tiempo mirándolo fijamente.

Muchas veces empleamos esta técnica de mirar–y–desviar–la–mirada cuando encontramos a personas célebres. Queremos asegurarles que respetamos su intimidad, que no soñaríamos mirarles fijamente. Lo mismo ocurre con los lisiados o físicamente disminuidos. Les miramos brevemente y desviamos la mirada antes de que pueda considerarse una mirada fija. Es la técnica que empleamos en cualquier circunstancia desacostumbrada en la que una mirada fija resultaría incómoda. Cuando vemos una pareja interracial usamos esa técnica. También podemos usarla cuando vemos, a un hombre con una barba extraña, con el pelo muy largo con ropas de otros países; o a una chica con una mínima minifalda que puede provocar esta mirada con rápida retirada.

Por supuesto, también es verdad lo contrario. Si queremos rebajar a una persona podemos hacerlo mirándola fijamente más tiempo del decoroso. En lugar de desviar la mirada cuando las miradas se encuentran, continuamos mirando fijamente. La persona que desaprueba el casamiento o la aventura amorosa interracial, mirará fíjamente y con grosería a la pareja interracial. Si no le gustan el pelo largo, los vestidos cortos o las barbas, puede demostrarlo con una mirada más insistente que lo aceptado.

La torpeza de los ojos

La mirada que debe ser rápidamente desviada recuerda el problema que enfrentamos en la adolescencia respecto de nuestras manos. ¿Qué haremos con ellas? ¿Cómo las pondremos? Los actores *amateurs* también tienen conciencia de ello. De golpe se vuelven conscientes de sus manos que les parecen unos torpes apéndices que hay que emplear de algún modo con gracia y naturalidad.

Del mismo modo, en ciertas circunstancias nos volvemos conscientes de nuestras miradas como apéndices incómodos. ¿Hacia dónde miraremos? ¿Qué haremos con nuestros ojos?

Dos personas que no se conocen, sentadas frente a frente en el vagón comedor de un ferrocarril, tienen la opción de presentarse y enfrentar una comida con una conversación inconsecuente y tal vez aburrida, o ignorarse recíprocamente y tratar desesperadamente de evitar mirarse. Cornelia Otis Skinner, al describir en un ensayo esta situación, dijo: «Volvieron a leer el menú, jugaron con los cubiertos, se inspeccionaron las uñas como si las vieran por primera vez. Llega el momento inevitable en que las miradas se encuentran pero sólo lo hacen un momento y disparan en otra dirección, hacia la ventana, para fijarse intensamente en el paisaje que corre».

Esta misma torpeza del ojo dicta nuestra conducta en ascensores y en repletos autobuses y metros. Cuando entramos en un ascensor o tren con una multitud, miramos brevemente y desviamos enseguida la mirada sin encontrar la del otro. Decimos con nuestra mirada: «Le veo. No le conozco, pero usted es un ser humano y no fijaré la mirada en usted».

En el metro y en el autobús en que es necesario enfrentar largos recorridos en circunstancias muy apremiantes, puede ser difícil encontrar la manera de no fijar la mirada. Deslizamos miradas, pero las desviamos antes de que se encuentren con las de otros. O dirigimos miradas fuera de foco, que pasan de largo los ojos y se fijan en la cabeza, la boca, el cuerpo; pues cualquier lugar, menos los ojos, es un punto de enfoque para la mirada desenfocada.

Si nuestros ojos se encuentran podemos a veces mitigar el mensaje con una breve sonrisa. La sonrisa no debe ser demasiado apoyada, ni demasiado evidente. Debo decir: «Siento que nos hayamos mirado, pero ambos sabemos que fue un accidente».

Ojos semidormidos

Esta experiencia de la torpeza del ojo es lo bastante común para que todos la hayamos tenido una y otra vez. Casi todas las interacciones de los seres humanos dependen de miradas recíprocas. El filósofo español José Ortega y Gasset, habló de «la mirada» como algo que proviene directamente de dentro del hombre «con la exacta línea recta de una bala». Le parece que el ojo, con su párpado y su cuenca, su iris y su pupila es el equivalente de «todo un teatro con su escenario y sus actores».

Dijo Ortega que los músculos de los ojos son maravillosamente sutiles y que, a causa de ello, cada mirada es minuciosamente distinta de cualquier otra. Hay tantas miradas distintas que es prácticamente imposible nombrarlas todas, pero menciona: «La mirada que sólo dura un instante y la mirada insistente; la mirada que se desliza sobre la superficie de la cosa mirada y la mirada que prende en ella como un gancho; la mirada directa y la oblicua cuya forma tiene un nombre propio, "mirar por el rabillo del ojo"».

También se refiere a la «mirada de soslayo», distinta de cualquier otra mirada oblicua, aunque su eje se halle también al través.

Cada mirada, dice Ortega, nos dice lo que va por dentro en la persona que la lanza, y el intento de comunicarse a través de la mirada es más auténticamente revelador cuando el que envía la mirada es inconsciente de cómo lo hizo.

Como otros investigadores del lenguaje corporal, Ortega advierte que una mirada por sí misma no revela una totalidad, aunque tenga un sentido. Una palabra dentro de una frase también tiene un sentido, pero sólo en el contexto de la frase podemos saber el sentido completo de la palabra. Lo mismo ocurre con una mirada. Sólo en el contexto de una situación dada adquiere la mirada toda su significación.

Hay también miradas que quieren ver, pero no ser vistas. A éstas el filósofo español las denomina miradas de soslayo. En cualquier situación podemos estudiar a alguien y mirar tanto cuanto nos plazca, siempre que la otra persona no se dé cuenta de que estamos mirando, siempre que nuestra mirada quede oculta. En el momento en que sus ojos se muevan en el sentido de encontrar los nuestros, nuestra mirada debe deslizarse a otro lado. Cuanto más entrenada, mejor logrará la persona robar estas miradas de soslayo.

En una graciosa descripción Ortega se refiere a una mirada «la más eficaz, la más sugestiva, la más deliciosa y encantadora». La considera la más complicada porque no sólo es furtiva, sino también lo opuesto de furtiva, ya que hace evidente que está mirando. Es la mirada de ojos semicerrados, la mirada dormida, o la mirada de cálculo y aprecio que un pintor lanza a su tela cuando da un paso atrás, lo que los franceses denominan *les yeux en coulisse*.

Al describir esta mirada, Ortega dice que los párpados están cerrados en sus tres cuartas partes y parecen ocultarla, pero en realidad los párpados comprimen la mirada y «la disparan como una flecha».

«Es la mirada de unos ojos que están, por así decirlo, dormidos, pero que por detrás de una dulce somnolencia están totalmente despiertos. Cualquiera que tenga semejante mirada posee un tesoro.»

Ortega dice que Paris se echa a los pies de cualquiera que tenga esta mirada. La DuBarry de Luis XV se cree que la tenía, y también la tenía Lucien Guitry. En nuestro Hollywood, Robert Mitchum sin la menor duda la tenía, lo que hizo de él durante años un símbolo sexual masculino. Mae West lo copió y la actriz francesa Simone Signoret la tiene tan perfectamente controlada que aun siendo de mediana edad es considerada una mujer atrayente y muy sensual.

Otras culturas, otras miradas

El reconocimiento de que el ojo es un medio de comunicación, y de que la mirada tiene una significación especial, no es cosa nueva. Siempre hubo fuertes emociones vinculadas al mirar, y ha sido prohibido hacerlo en ciertas circunstancias, en la prehistoria y la leyenda. La mujer de Lot fue transformada en estatua de sal porque miró hacia atrás, y Orfeo perdió a Eurídice porque la miró. Adán, después de probar del fruto de la sabiduría, tuvo miedo de mirar a Dios.

El sentido del mirar es universal, pero en general no estamos seguros de cómo miramos o de cómo somos mirados. En nuestra cultura, la integridad exige que miremos a alguien directamente a los ojos. Otras culturas tienen otras normas, como el director de un colegio de la ciudad de Nueva York recientemente descubrió.

Una joven de la escuela secundaria, una portorriqueña de quince años, había sido encontrada en el aseo con un grupo de jóvenes sospechosas de fumar. La mayor parte del grupo eran chicas provocadoras de disturbios, y aunque esta joven, Livia, no tenía antecedentes, el director, después de una breve entrevista, estaba convencido de su culpa y decidió suspenderla junto con las otras.

«No fue lo que ella dijo», informó después. «Fue sencillamente su actitud. Había algo taimado y sospechoso en su persona. No pude encontrar su mirada. No quería mirarme».

Era verdad. Livia, durante su entrevista con el director, miraba al suelo en una actitud de culpable, y se negaba a mirarle.

«Pero es una buena chica», decía su madre con insistencia. No en la escuela, pues era una «perturbadora», le parecía al director, que no se presentaba a las autoridades con su protesta. En lugar de hacerlo, se dirigía a los vecinos y amigos. El resultado fue una manifestación de los padres portorriqueños en la escuela a la mañana siguiente y la fea amenaza de un motín.

Afortunadamente, John Flores enseñaba literatura española en la escuela y John vivía muy cerca de Livia y su familia. Llenándose de coraje, John pidió una entrevista con el director.

«Conozco a Livia y a sus padres», le dijo al director. «Y ella es una buena chica. Estoy seguro de que hay algún equívoco en este asunto».

«Si hay algun error», dijo incómodo el director, «estoy dispuesto a rectificar. Hay treinta madres afuera pidiendo mi sangre. Pero interrogué a la niña yo mismo, y si jamás vi la culpabilidad escrita en una cara... ¡no era capaz de mirarme siquiera!».

John suspiró con alivio y luego, con todo cuidado, porque también era nuevo en la escuela y no quería pisarle los callos a nadie, explicó algunos hechos básicos de la cultura portorriqueña al director.

«En Puerto Rico una buena chica», explicó, «No mira a los ojos a un adulto. Negarse a hacerlo es una señal de respeto y obediencia. Le sería tan difícil a Livia mirarle a los ojos como lo sería comportarse mal, o a su madre venir a verle para quejarse. En nuestra cultura, esto no sería una conducta aceptable para una familia de respeto».

Afortunadamente, el director era un hombre capaz de reconocer que había cometido un error. Llamó a Livia y a sus padres y a los vecinos de más fácil palabra y discutió de nuevo todo el problema. A la luz de las explicaciones de John Flores se hizo evidente para él que Livia no evitaba sus ojos como un desafío, sino por auténtica modestia. Su actitud de disimulo, lo veía ahora, era timidez. En realidad, a medida que la conferencia se desarrollaba y los padres se serenaban, se daba cuenta de que Livia era verdaderamente una chica amable y suave.

El resultado del incidente fue una relación más profunda y significativa entre la escuela y la comunidad; pero esto, por supuesto, ya es otra historia. Lo que aquí nos interesa particularmente es la extraña confusión del director. ¿Cómo interpretó erróneamente todas las señales de la conducta de Livia?

Livia estaba usando su lenguaje corporal para decir: «Soy una buena chica. Le respeto a usted y a la escuela. Le respeto demasiado para contestar a sus preguntas, para mirarle a los ojos con audacia desvergonzada, para defenderme. Pero, seguramente, mi actitud le dice todo esto».

Cómo es posible que un mensaje tan claro fuese interpretado del siguiente modo: «Le desafío. No contestaré a sus preguntas. No le miraré a los ojos porque soy una niña mentirosa. Evitaré astutamente sus preguntas».

La respuesta, por supuesto, es cultural. Distintas culturas tienen distintas costumbres y, por supuesto, distintos lenguajes corporales. Tienen también distintas miradas y distintos sentidos para la mismas miradas.

En Norteamérica, por ejemplo, no está admitido que un hombre mire a una mujer insistentemente, a menos que ella se lo permita con una señal del lenguaje corporal, una sonrisa, una mirada hacia atrás, el sostener directamente su mirada. En otros países rigen normas distintas.

En Norteamérica si una mujer mira a un hombre durante un lapso de tiempo mayor que el normal, se está proponiendo un acercamiento verbal. Su señal dice: «Estoy interesada. Puede acercarse». En países latinos, aunque están permitidos movimientos corporales más libres, una mirada semejante puede ser una invitación directa a una aventura física. Es por lo tanto evidente por qué una chica como Livia no habría de mirar al director a los ojos.

También en nuestro país dos hombres no pueden mirarse a los ojos el uno al otro sino por un breve momento, a menos que tengan la intención de pelearse o de intimar. Cualquier hombre que mire a otro con insistencia le perturba y le molesta, y el que es mirado empieza a preguntarse qué es lo que quiere.

Hay otro ejemplo de la rigidez de las normas del mirar. Si alguien nos mira y nos damos cuenta, y le sorprendemos mirándonos, es su deber desviar la mirada primero. Si no mira hacia otro lado en ese momento, entonces nosotros nos sentimos incómodos y tenemos conciencia de que algo está mal. También en este caso nos sentimos perturbados y molestos.

Una larga mirada hacia sí mismo

Para descubrir cómo funcionan exactamente estas normas de la comunicación visual, el doctor Gerhard Neilson de Copenhague analizó las miradas de los sujetos en sus estudios de autoconfrontación. Para averiguar cuánto tiempo y cuándo las personas entrevistadas miraban al entrevistador, filmó las entrevistas y las pasó luego varias veces muy despacio.

Al empezar no tenía una idea clara de cuánto tiempo un hombre mira a otro durante una entrevista. Pero quedó sorprendido cuando comprobó qué poco se miraban en realidad. El hombre que más miró a su entrevistador, aún miró hacia otro lado el 27 por ciento del tiempo. El que menos miró a su entrevistador, miró hacia otro lado el 92 por ciento del tiempo. La mitad de los entrevistados miró a otro lado la mitad del tiempo de la entrevista.

El doctor Neilson comprobó que cuando una persona habla mucho mira muy poco a su interlocutor cuando escucha mucho, también mira mucho. Dijo que esperaba que la gente mirara más cuando escuchaba más, pero que había quedado sorprendido al comprobar que miraban menos cuando hablaban más.

Comprobó también que cuando una persona empieza a hablar, no mira al principio al interlocutor sino hacia otro lado. Hay una sutil medida del tiempo, explica, en el hablar, escuchar, mirar y desviar la mirada. La mayor parte de la gente desvía la mirada inmediatamente antes o después de una de cada cuatro frases que dice. Algunos lo hacen al comienzo o a la mitad de la frase. Al terminar de hablar, la mitad de las personas miran al interlocutor.

En cuanto a por qué tantas personas rehuyen mirar a los ojos a sus interlocutores durante una conversación, el doctor Neilson cree que es un modo de evitar el distraerse.

¿Cuánto dura una mirada?

Otro análisis, llevado a cabo por el doctor Ralph V. Exline en la Universidad de Delaware, se realizó con 40 hombres y 40 mujeres, todos de primero y segundo año del primer ciclo universitario norteamericano. Durante la investigación un hombre entrevistó a 20 hombres y 20 mujeres, y una mujer a los otros 20 hombres y 20 mujeres. La mitad de los estudiantes fue entrevistada sobre asuntos íntimos, sus planes, deseos, necesidades y temores. La otra mitad sobre intereses recreativos, lecturas, cine, deportes...

El doctor Exline comprobó que cuando los estudiantes eran entrevistados sobre asuntos personales, no miraban al entrevistador tantas veces como cuando eran entrevistados sobre asuntos de recreación. Las mujeres, sin embargo, en ambos tipos de entrevistas, miraban a los entrevistadores más frecuentemente que los hombres.

Lo que al parecer se comprueba en estos análisis es que, cuando alguien desvía la mirada mientras habla, es que todavía se está explicando y no desea ser interrumpido.

El encuentro de su mirada con la del interlocutor, en ese momento sería una señal para interrumpir cuando haya una pausa. Si hace una pausa y no está mirando a su interlocutor, ello significa que no ha terminado. Está señalando: «Esto es lo que quiero decir. ¿Cuál es su respuesta?».

Si usted desvía la mirada de una persona que le está hablando mientras usted escucha, es una señal: «No estoy completamente satisfecho con lo que está usted diciendo. Tengo algunas observaciones que hacer».

Si usted desvía la mirada mientras está hablando, puede significar: «No estoy seguro de lo que estoy diciendo».

Si, mientras usted está escuchando, mira al que habla, usted señala: «Estoy de acuerdo con usted», o «Estoy interesado en lo que usted dice».

Si mientras usted habla, usted mira al que escucha, usted puede estar afirmando: «Estoy seguro de lo que estoy diciendo».

Hay también elementos de ocultamiento al desviar la mirada de su interlocutor. Si usted desvía la mirada mientras él habla, usted señala: «No quiero que usted sepa lo que yo siento». Esto es particularmente cierto si el interlocutor es crítico o insultante. Es un poco el caso del avestruz que oculta la cabeza en la arena. «Si no le veo, usted no me puede herir». Esta es la razón por la cual los niños a menudo se niegan a mirarle cuando usted los riñe.

Sin embargo, hay más complejidades que las que el ojo... o la mirada alcanza. Desviar la mirada durante una conversación puede ser un medio de ocultar algo. Por lo tanto, cuando alguien desvía la mirada, podemos pensar que está ocultando algo. Para llevar a cabo un engaño, podemos a veces deliberadamente mirar al interlocutor en lugar de desviar la mirada.

Además de la demora y la dirección de las miradas, hay mucha señalación implícita en el acto de cerrar los párpados. Además de la mirada semicerrada que Ortega describió, Birdwhistell sostiene que cinco jóvenes enfermeras, en una serie de tests, declararon poder distinguir veintitrés posiciones distintas del cierre de los párpados.

Pero estuvieron de acuerdo en que sólo cuatro de las veintitrés «significaban algo». Repitiendo las pruebas, el doctor Birdwhistell pudo denominar a estas cuatro posiciones: «De ojos abiertos, de párpados caídos, mirada de soslayo, ojos estrictamente cerrados».

El esfuerzo inverso de intentar que las jóvenes reprodujeran las posiciones de los párpados, no tuvo éxito. Todas pudieron reproducir cinco de las veintitrés posiciones, pero sólo una pudo reproducir más de cinco.

Empleando el grupo de hombres en el mismo tipo de experimento, comprobó que todos podían reproducir por lo menos diez posiciones. Con sorpresa comprobó que los hombres tenían más capacidad para pestañear. Algunos pudieron reproducir quince posiciones distintas y uno –fantásticamente elocuente en lenguaje corporal– llegó hasta treinta y cinco distintas posiciones de los párpados.

Pasando a las comparaciones culturales, el doctor Birdwhistell comprobó que los japoneses de ambos sexos eran semejantes en el número de posiciones de los párpados que podían reproducir. Pero aun los japoneses podían reconocer en otros más posiciones que las que podían adoptar ellos mismos.

Cuando el movimiento de las cejas se agrega al movimiento de los párpados, se producen muchas más señales reconocibles. Algunos científicos determinaron hasta cuarenta posiciones distintas sólo de las cejas, aunque la mayoría admite que menos de la mitad son significativas. Es sólo en el caso de que se combinen movimientos significativos de las cejas con movimientos significativos de los párpados y se le agreguen las arrugas de la frente cuando las permutaciones y combinaciones son infinitas.

Si cada combinación tiene una implicación distinta, entonces es infinito el número de señales que podemos transmitir con nuestros ojos y la piel que los rodea.

UN ALFABETO
PARA EL MOVIMIENTO

¿Hay un lenguaje de las piernas?

A medida que se fueron conociendo y comprendiendo la kinesia y el lenguaje corporal, lo que había empezado como una curiosidad se convirtió en ciencia, lo que había empezado como un hecho observable se convirtió en un hecho medible, y también, desafortunadamente, lo que se había vuelto ciencia se convirtió en una situación propicia a la explotación.

El hecho de que en momentos de angustia un niño pequeño se chupará el pulgar, un hombre se morderá las uñas o los nudillos, una mujer pondrá la mano abierta sobre el pecho son todos gestos curiosos, pero el conocimiento del lenguaje corporal nos hace comprender que el niño se chupa el pulgar en busca de seguridad, en un regreso simbólico al consuelo del pecho materno. El hombre ha sustituido el comerse las uñas y morderse los nudillos que son socialmente aceptables por el chuparse el pulgar, que es inaceptable, y la mujer pone la mano abierta sobre el pecho de modo defensivo cubriendo y protegiendo sus senos vulnerables. La comprensión de las fuerzas que se hallan detrás de esos gestos es el punto en que la curiosidad se convierte en ciencia.

Saber que la gente levanta las cejas o baja los párpados en parte para expresar una emoción es un hecho de observación. Conocer el grado exacto de la suspensión o el ángulo del descenso hace el hecho medible. El doctor Birdwhistell escribió que «párpados caídos combinados con cejas bilateralmente levantadas y deprimidas en el centro» tiene un sentido evidentemente distinto de «párpados caídos combinados con un levantamiento de cejas unilateral y bajo». Esto es una explicación medida del hecho observado de que cuando los ojos están semicerrados y ambas cejas levantadas en los extremos y bajas en el centro la cara tiene un aspecto distinto de cuando los ojos están semicerrados y una sola ceja está ligeramente levantada.

Desafortunadamente, algo como la kinesia, hechos relacionados en camino de transformarse en una ciencia, también corre el riesgo de ser explotado. Por ejemplo, ¿exactamente qué podemos decir respecto de las piernas cruzadas? Al comienzo de este libro nos referimos al empleo de las piernas cruzadas para inconscientemente incluir o excluir a los miembros de un grupo. Vimos también que se pueden usar en ambientes congruentes, cuando una persona en la sala establece un patrón de postura y los otros la imitan. Si el líder cruza sus piernas, los otros cruzarán las suyas.

¿Pueden las piernas cruzadas expresar también el carácter? Por el modo en que ponemos las piernas al sentarnos, ¿damos alguna pista respecto a nuestra verdadera naturaleza?

Tal como sucede con todas las señales del lenguaje corporal, no hay una sencilla respuesta, sí o no. Las piernas cruzadas o las piernas paralelas pueden ser una señal de lo que la persona siente *en ese momento*, pero pueden no significar absolutamente nada. Tengo un amigo que es escritor y escribe a mano. Sólo cruza las piernas de izquierda a derecha, la pierna izquierda arriba, nunca la derecha. En una reciente reunión social mi amigo estaba sentado a la izquierda de su mujer, con la pierna izquierda sobre la derecha, apuntando hacia ella. La pierna derecha de ella cruzada sobre la rodilla izquierda, apuntaba hacia él.

Un psicólogo *amateur* que se hallaba en el grupo apuntó con un movimiento de cabeza hacia la pareja y dijo: «Vea, forman un círculo cerrado, cruzaron las piernas apuntando el uno hacia el otro y excluyendo al resto del grupo –una perfecta ilustración del lenguaje corporal.

Llevé aparte al escritor amigo y dije: «Sé que usted se lleva bien con su mujer, pero tengo curiosidad respecto de ese cruzamiento de piernas».

Sonriendo, explicó: «Sólo puedo cruzar mi pierna izquierda sobre la derecha. Es porque escribo mis primeros borradores a mano, no a máquina».

Con curiosidad le pregunté: «¿Pero qué tiene eso que ver con el asunto?»

«Sólo puedo cruzar de izquierda a derecha porque toda mi vida lo hice de esa forma, y los músculos y huesos de mi pierna ya se han adaptado a ello. Si cruzo en sentido contrario, me siento incómodo. Automáticamente, ahora, cruzo mi pierna izquierda sobre mi rodilla derechal.»

«Pero ¿cómo el escribir a mano...?»

«Es sencillo. No escribo sobre una mesa. Hago mi trabajo en un sillón. Escribo sobre una tabla que equilibro sobre mi rodilla. Para levantarla lo suficiente para poder escribir en ella tengo que cruzar las rodillas. Como escribo con la mano derecha, escribo hacia la izquierda. Por lo tanto cruzo mis piernas de modo que la pierna izquierda quede más alta, la izquierda sobre la derecha. Siempre lo hice así y ahora es la única posición confortable para mí. Eso es todo lo que hay para su lenguaje corporal. Por casualidad me senté esta noche a la izquierda de mi mujer. En otras ocasiones lo he hecho a su derecha.»

La moraleja de esta historia es que antes de hacer un juicio científico, hay que conocer todos los hechos. Para atribuir un significado al modo de cruzar las piernas, hay que tener en cuenta primero la condición fisiológica del cuerpo. Lo mismo ocurre con el cruce de brazos. Hay una gran tentación de atribuir una serie de significados a la dirección en que cruzamos los brazos. Al parecer, se ha podido establecer que cruzar los brazos es a veces un gesto defensivo, una señal de que no se acepta el punto de vista de otra persona, o una señal de inseguridad y un deseo de defenderse. Ahora

143

bien, estas y otras interpretaciones son válidas, pero cuando llegamos a la dirección del cruce, izquierda sobre derecha o derecha sobre izquierda, el terreno es menos seguro.

Crucen sus brazos sin pensar. Algunos de ustedes pondrán el brazo izquierdo arriba, otros el derecho, y, lo más importante, todos ustedes cruzarán sus brazos siempre de la misma manera. Cruzarlos de otro modo siempre se sentirá como algo equivocado. Esto ocurre porque el modo de cruzar los brazos, izquierdo sobre derecho o derecho sobre izquierdo, es un rasgo genético, un rasgo innato, del mismo modo que usar la mano derecha o la mano izquierda para escribir es también genético. Cruzar las manos y los dedos es también un rasgo genético. ¿Pone usted arriba el pulgar derecho o el izquierdo?

Si se toman estos puntos en consideración, se puede proceder con más seguridad cuando se interpreta el gesto mismo como una señal, pero se pisa terreno menos sólido cuando se habla de dirección.

Los estudios más serios sobre el lenguaje corporal se han ocupado de las emociones transmitidas por el movimiento, no de la naturaleza innata de la persona que transmite el mensaje. Como mucho, la señal enviada, el lenguaje corporal, se ha empleado para hacer que una persona se comprenda a sí misma. Cuando se pretende emplearlo para intentar analizar la personalidad o el carácter más que la conducta, parece cuajado de contradicciones.

El abc del lenguaje corporal

En una tentativa de bosquejar algunos aspectos del lenguaje corporal y de unificar la ciencia, o tal vez de transformar el lenguaje corporal en una ciencia, el doctor Birdwhistell escribió un manual de investigación preliminar sobre el asunto, un manual que denomina *An Introduction to kinesics*. Intentó básicamente crear un sistema de anotación para la kinesia o lenguaje corporal, dividiendo todos los movimientos importantes en sus elementos básicos, y atribuirles una simbología, tal como el coreógrafo divide la danza en pasos básicos y les da una simbología.

El resultado es parecido a las pictografías egipcias, pero felizmente no tan difícil de leer. Empezando con los ojos, puesto que son la fuente más común de información en lenguaje corporal que es el ▱▱▱▱ mejor símbolo para el ojo abierto, ▯▯▯▯ para el ojo cerrado. Un guiño del ojo derecho sería entonces,(▯▯▯▯▯▯▯▯▯) del ojo izquierdo (▯▯▯▯▯▯▯▯▯).

Los ojos abiertos son(▯▯▯▯▯▯▯▯▯)y así sigue. El doctor Birdwhistell denomina a cada uno de estos movimientos un kine, o el mínimo movimiento observable.

La primera premisa para poder desarrollar este tipo de sistema de anotaciones para el lenguaje corporal, dice el doctor Birdwhistell, es asumir que todos los movimientos del cuerpo tienen un sentido. Nada es accidental. Una vez que esto haya sido aceptado, procedemos a analizar cada movimiento, su significación y el modo de simbolizarlo.

Creo que esta premisa básica es la más difícil de aceptar. El rascarse la nariz puede indicar desacuerdo, pero puede también indicar una picazón en la nariz. Este es el verdadero problema de la kinesia, separar los gestos significativos de los insignificantes, los que contienen un sentido de los que corresponden a la pura casualidad, o que han sido cuidadosamente aprendidos.

Cuando una mujer se sienta con las piernas en plano inclinado paralelas y ligeramente cruzadas en los tobillos, esto puede indicar un espíritu ordenado, pero es mucho más probable que sea una postura afectada y hasta el resultado de un entrenamiento escolar. Algunas escuelas de buenos modales consideran que ésta es una posición graciosa y femenina y sugieren que las mujeres se acostumbren a adoptarla con naturalidad cuando se sienten. Es también una postura que permite a una mujer con minifalda sentarse cómodamente en una posición poco reveladora. Es también una postura que nuestras abuelas consideraban muy propia de una dama.

Estas son algunas de las razones por las que debemos acercarnos con cuidado a la kinesia y estudiar un movimiento o un gesto sólo en términos de un patrón completo de movimiento, y debemos entender el patrón del movimiento en términos del lenguaje hablado. Los dos, aunque a veces contradictorios, son también inseparables.

Para estandarizar los movimientos corporales antes de transformarlos en pictografías kinésicas, debemos tener un punto cero, o punto de descanso. El movimiento de un brazo, por ejemplo, sólo es significativo si sabemos cuánta distancia ha recorrido. Sólo podemos saberlo si establecemos un punto cero estándar.

En el trabajo del doctor Birdwhistell, se establece un punto cero para los «norteamericanos de clase media». Es un estado de semirelajación del cuerpo, la cabeza en equilibrio y mirando hacia adelante, los brazos en los costados y las piernas juntas. Cualquier posición perceptible será un movimiento a partir de este punto cero.

Es significativo que el doctor Birdwhistell limite su trabajo a los norteamericanos de clase media. Reconoce que aún en nuestra cultura hay una sorprendente falta de uniformidad en los movimientos del cuerpo. Las clases trabajadoras darán ciertas interpretaciones a los movimientos, que no serán aplicables a los círculos de la clase media.

Sin embargo, pienso que en Norteamérica hay una mayor diferencia étnica en la gesticulación que una diferencia de clase. Aunque no lo dice expresamente, asumiré que el doctor Birdwhistell se interesa esencialmente por el lenguaje corporal de la clase media de norteamericanos blancos, anglosajones y protestantes. Si es así, esto representa para los que quieran estudiar seriamente el asunto una abrumadora masa de datos que tratar. Tienen que adquirir no sólo un sistema de interpretación para los norteamericanos blancos, anglosajones y protestantes, sino además uno para los norteamericanos italianos, los norteamericanos judíos, los norteamericanos indios, los norteamericanos negros, y sucesivamente. Luego habría divisiones en clases en cada una de esas categorías, y el número total de sistemas sería abrumador. Lo que habría que encontrar sería un sistema común que sirviera para todas las culturas y todos los grupos étnicos, y sospecho que, con algunas variantes, el sistema del doctor Birdwhistell podría llegar a serlo.

El doctor Birdwhistell señala asimismo que un movimiento corporal puede no tener significación alguna en un contexto y ser extremadamente significativo en otro. Por ejemplo, el ceño que ponemos al arrugar la piel entre las cejas puede sólo señalar un punto en una frase o, en otro contexto, puede ser una señal de disgusto, o en un tercer contexto, de profunda concentración. Examinar sólo la cara no nos dará el sentido exacto del ceño. Tenemos que saber qué está haciendo el que frunce el ceño.

Otra característica que el doctor Birdwhistell destaca es que todos nuestros movimientos, si son significativos, son aprendidos. Los adoptamos como parte de nuestra sociedad. Como ilustración de la capacidad de aprendizaje de los seres humanos, menciona el más común de los movimientos kinésicos, el del párpado. Somos propensos a pensar que los movimientos del párpado son solamente movimientos reflejos. Miramos de soslayo para preservarnos de un exceso de luz, o parpadeamos para eliminar el polvo o limpiar el globo ocular.

En contraposición a lo que antecede, el doctor Birdwhistell cita los numerosos casos de movimientos del párpado que fueron aprendidos. Los fakires de los cultos religiosos indios pueden aprender a mirar el sol sin parpadear o enfrentar una tormenta de polvo sin cerrar los párpados. Las jóvenes en nuestra sociedad aprenden a bajar las pestañas en el *flirt* aun cuando no haya necesidad de limpiar el globo ocular. Sostiene que estos ejemplos prueban que no todos los movimientos del párpado varían de cultura a cultura, como el idioma.

Es interesante señalar aquí que cuando una persona bilingüe cambia de idioma, también cambia su lenguaje corporal, sus gestos y el movimiento de sus párpados.

Clasificar los kines

Aunque, como vimos en un capítulo anterior, algunos gestos son genéticos y no aprendidos –las sonrisas, por ejemplo–, el doctor Birdwhistell destaca que entre los hombres la comunicación es un arte aprendido, y puesto que la kinesia se ocupa de los movimientos del cuerpo que comunican, podemos asumir que la mayor parte de la kinesia también es aprendida.

Pese al hecho de que la mayor parte de los análisis del movimiento corporal realizados por el doctor Birdwhistell provienen del estudio de filmaciones pasadas muchas veces hasta que todos los rasgos casuales son reconocidos y clasificados, él pone en guardia contra el riesgo de confiar demasiado en este método. Si nos vemos en la necesidad de filmar los movimientos y repetirlos despacio varias veces para poder analizarlos y poder percibir ciertos movimientos, ¿qué valor tendrá el movimiento que descubrimos? Un movimiento sólo puede ser significativo si puede ser fácilmente transmitido y recibido. Él cree que los pequeños gestos captados por el film y que escapan al ojo humano no pueden tener gran significado para la comunicación.

Sin embargo, hay posiblemente un valor subliminal en esos gestos. Hemos comprobado que a menudo imágenes pasadas con demasiada rapidez para ser percibidas por el ojo consciente, son, pese a ello, reconocidas y absorbidas por el ojo inconsciente. Esta es la verdadera cuestión del campo de la comunicación subliminal.

El doctor Birdwhistell establece una distinción no sólo entre los gestos que percibimos y los que no percibimos, sino además entre aquellos de los que tenemos conciencia de hacer y los que hacemos inconscientemente. Hay tantos movimientos que podemos hacer y hacemos minuto tras minuto, que casi nadie se da cuenta de que los hace o los observa. Pero enviamos estas continuas señales y las recibimos, y de acuerdo con las que recibimos enviamos otras más.

Lo más importante que hay que tener en cuenta en relación con el lenguaje corporal, según el doctor Birdwhistell, es que ningún movimiento queda aislado. Es siempre parte de un patrón. Un novelista puede escribir, «ella le hizo un guiño». Pero la afirmación sólo tiene sentido porque el lector se da cuenta de todos los gestos que acompañan el guiño, y sabe, en el contexto de la situación, que este guiño particular significa una invitación al *flirt*.

El guiño aislado es denominado por el doctor Birdwhistell un kine, la menor medida del lenguaje corporal. Este kine puede describirse del siguiente modo, «el bajar un párpado, mientras se conserva el otro relativamente inmóvil». Este tipo de descripción, dicho sea de paso, tiende a vaciar el kine de todo vínculo con una emoción. Es un sencillo cerrar un ojo, en lugar de una invitación amorosa.

Al desarrollar un sistema de «escritura» del lenguaje corporal es necesario eliminar toda emoción del movimiento observado. Es también necesario crear un sistema experimental para conservar y duplicar los kines. Con este fin el doctor Birdwhistell emplea a un actor o a un estudiante adiestrado en lenguaje corporal que trata de proyectar diferentes movimientos y su significación ante un grupo de estudiantes. Se le pide al grupo que establezca la diferencia entre los movimientos pero no que adivine lo que cada movimiento significa.

«¿Esto significa algo distinto de aquello?», es la pregunta acostumbrada. De este modo el que lleva las anotaciones descubre cuando una pequeña diferencia del movimiento proyecta una impresión distinta. A este movimiento apenas diferenciado se le puede entonces atribuir un sentido.

Partiendo de largas series de semejantes experimentos, el doctor Birdwhistell consiguió separar distintos kines, y determinar en qué punto un kine adicional transforma todo el movimiento.

Por ejemplo, se le dijo a un actor que se pusiera frente al grupo de estudiantes y transmitiese la siguiente expresión:

Traducida a términos descriptivos, esta expresión sería un guiño con el ojo izquierdo cerrado y una mirada de soslayo desde el rabillo del ojo izquierdo. La boca normal, y la punta de la nariz deprimida. Una segunda expresión semejante se prueba entonces con el grupo de estudiantes. Diagramada sería lo que sigue:

Lo que se describe es como sigue: es un guiño con el ojo derecho, una mirada de soslayo con el ojo izquierdo, la boca normal y la nariz deprimida.

A los observadores se les pidió que indicaran la diferencia, y su comentario fue: «Parecen distintos pero no significan cosas distintas».

Una información pertinente se agrega entonces al cuerpo de los datos sobre la kinesia. *No importa qué ojo se guiña. El significado es el mismo. Y no importa si se mira de soslayo por un lado del ojo.*

Se prueba entonces con los observadores una tercera instrucción:

Esencialmente éste es el primer guiño sin mirada de soslayo y con la punta de la nariz deprimida. El grupo de observadores resolvió que esto era lo mismo que la primera expresión. La ciencia de la kinesia sabe ahora que una mirada de soslayo no significa en general cosa alguna en lenguaje corporal. Finalmente, se prueba una cuarta variación:

En esta expresión el guiño es el mismo y la mirada de soslayo se mantiene en el ojo cerrado. La punta de la nariz está deprimida pero la boca está cambiada, volcada hacia abajo en una trompa ceñuda. Cuando esta expresión se le muestra al grupo, su comentario es: «Esto cambia las cosas».

El dato que es entonces registrado en el fichero kinésico es, *una modificación de la posición de la boca determina una modificación del significado.*

Aquí un estudio científico cuidadoso confirma el hecho de que es más difícil que la comunicación provenga de algún cambio en el ojo mismo, que de un cambio en la cara. Hubiéramos pensado que mirar de soslayo y guiñar alternativamente transmitirían distintos significados, pero el doctor Birdwhistell muestra que no ocurre así. Un verdadero cambio de expresión sólo se verifica cuando la boca cambia.

Por supuesto no consideró la modificación de la ceja en esta secuencia. Si lo hubiera hecho, una pequeña modificación en cualquiera de las cejas podría haber tenido un significado distinto. El alzamiento de una ceja es una clásica señal de duda, el alzamiento de ambas cejas, de sorpresa, y el bajar a ambas, de incomodidad o sospecha.

El doctor comprobó que guiñar o cerrar un ojo era significativo en la comunicación de la emoción. El mirar de soslayo no era significativo si la boca quedaba en posición normal. Pero una mirada de soslayo con una boca volcada hacia abajo, era significativo. La punta de la nariz deprimida no era significativo en el contexto de los ojos que guiñan, pero en otro contexto lo era.

Cultura y kinesia

Vemos que la cara tiene una tremenda variedad de expresiones, y si nos remontamos un poco y consideramos la cabeza, más allá de la cara, otra serie de movimientos se hace posible. Se baja la cabeza, se sacude, se le da vuelta, se la hace saltar; y todos estos movimientos son significativos. Pero tienen significados distintos cuando se hallan combinados con diferentes expresiones faciales y en diversas situaciones culturales.

Un amigo mío enseña en una gran escuela de graduados en la que hay muchos estudiantes de la India. Estos estudiantes, según me dijo, mueven la cabeza de arriba a abajo para decir no, y de un lado a otro para decir sí. «Muchas veces me distraigo», se quejó, «cuando explico un punto especialmente complicado y les veo allí sentados señalándome lo que yo entiendo como no, cuando lo aceptan y lo que yo entiendo como sí, cuando no lo aceptan. Pero yo sé que sólo se trata de un problema cultural. Están señalando lo contrario de lo que yo recibo, pero saberlo no me facilita la tarea. Yo mismo me hallo tan influido por mi cultura que no puedo aceptar la contradicción...

La influencia cultural, en términos de lenguaje corporal, es muy difícil de superar. Conozco a un profesor de matemáticas, en una universidad próxima, que había sido anteriormente un estudiante del Talmud en Alemania, estudio que abandonó en el comienzo de la década de 1930. Hasta hoy, cuando enseña vuelve a la postura «davening», de orientación cultural, que tenía el estudiante talmúdico. Se inclina hacia adelante, doblando el cuerpo a la altura de la cintura, luego se pone de puntillas y se endereza, arqueando el cuerpo hacia atrás.

Aún después de que se lo hubieran señalado en tono de broma, el profesor fue incapaz de controlar su movimiento corporal. No podemos subestimar la fuerza de los vínculos culturales en el lenguaje corporal. En Alemania, durante el período nazi, los judíos que trataban de pasar por no judíos a veces se delataban por su lenguaje corporal. Los movimientos de sus manos eran más libres y más abiertos que los movimientos de las manos de los alemanes, y de todos los elementos de su disfraz estos movimientos de las manos eran los más difíciles de controlar.

A causa de esta diferencia cultural, un observador de una nacionalidad puede ver cosas en un lenguaje corporal que se le escapan totalmente a alguien de distinta nacionalidad:

La descripción arriba, ojos abiertos con contracción mediana de la frente, nariz apretada y una boca en reposo para un norteamericano hubiera sido lo mismo que la que sigue:

Sin embargo, para alguien que procediera de Italia, habría una sutil diferencia dada la omisión de la contracción mediana de la frente. La primera expresión podría sugerir incomodidad o aprensión. En cada caso la respuesta procedería del contexto en que se diera la expresión.

Se trata siempre, repite el doctor Birdwhistell, de que una cosa complementa la otra, el lenguaje corporal en el contexto del lenguaje hablado da la clave de la acción y de la comprensión. Sin embargo, cualquiera que sea el lenguaje hablado, el lenguaje corporal puede a menudo dar la clave de la dinámica de la verdadera situación.

Seguir al líder

El doctor Birdwhistell cita el caso de una banda de muchachos adolescentes. Tres de ellos eran lo que el doctor denominó «vocalizadores pesados», lo que podríamos llamar «bocas ruidosas». Al filmar la acción de este grupo, comprobó que las «tres bocas ruidosas» eran responsables dentro de la banda de un 72 a un 93 por ciento de todas las palabras habladas.

Había en la banda dos jefes. Uno de ellos pertenecía al grupo de las «bocas ruidosas». Llamémoslo Tom. El otro líder era un muchacho tranquilo, Bob. En realidad, era uno de los más tranquilos del grupo. Un análisis cuidadoso demostró que Bob sólo era responsable de un 16 por ciento de las palabras habladas. ¿Qué era lo que hacía de él un jefe?

Al contestar a esta pregunta ayudaremos tal vez a contestar a una pregunta de orden más general, ¿de qué está hecho el liderazgo? ¿De la habilidad para dar órdenes y hablar a los otros desde arriba? Si fuera así, cómo nos podría hacer suponer el hecho de que Tom fuera un líder, ¿cómo nos explicaríamos que Bob que hablaba tan poco fuera también un líder?

La respuesta, sugiere el doctor Birdwhistell, puede hallarse en el lenguaje corporal. El liderazgo de Bob le pareció que dependía de la kinesia.

Al estudiar las escenas filmadas de la banda, se pudo ver que Bob, en comparación con los otros muchachos, «tomaba pocas veces la iniciativa de acciones no relacionadas». Actos no relacionados, explica el doctor Birdwhistell, son actos que intentan iniciar algo nuevo, es decir, no relacionados con lo que se había estado haciendo. «Vamos a pescar, cuando la banda está pensando en un juego de *baseball*, o «Vamos al centro, al *drugstore* y a dar una vuelta», cuando la banda está pensando en ir a la playa cercana.

Bob pocas veces se arriesgó a proponer a la banda que hiciera algo que no estaba dispuesta a hacer. Animaría a la banda a tomar la dirección que justamente deseaba tomar, en lugar de tratar de forzarla a ir en una dirección completamente nueva. «Vamos a nadar», proponía si estaban sentados en la playa, o «Vamos al *drugstore*» cuando pensaban ir al centro.

Hay aquí una buena noción de liderazgo. El líder de más éxito en las bandas de jóvenes o en la política es siempre aquel que se anticipa a la acción deseada y dirige a la gente hacia ella, que hace que la gente haga justamente lo que quiere hacer. Bob tenía experiencia en esto.

Pero, lo que es más interesante desde el punto de vista del lenguaje corporal, Bob era «kinésicamente maduro». Hacía menos movimientos corporales inútiles que los otros muchachos. No arrastraba los pies sin necesidad. No se ponía la mano en la boca, ni se rascaba la cabeza, ni chasqueaba los dedos. La diferencia entre madurez e inmadurez es, a menudo, comunicada por el lenguaje corporal. Demasiado movimiento corporal sin significación real es falta de madurez. Una persona madura se mueve cuando necesita hacerlo, y se mueve con una intención.

El tipo de muchacho que es un líder nato, que dirige una banda en la dirección que ella desea tomar, es también lo bastante maduro para canalizar los movimientos del cuerpo hacia áreas útiles. Escuchar es una de esas áreas. Kinésicamente Bob era un buen oyente. Copiaba la postura del muchacho que hablaba. Animaba la conversación con movimientos adecuados de la cara y de la cabeza y no sacudía la pierna o el pie ni se permitía todas las señales juveniles de lenguaje corporal que significan: «Estoy cansado, aburrido y desinteresado».

Como consecuencia de esta capacidad de escuchar, en un sentido de lenguaje corporal, el resto de la banda buscaba a Bob cuando tenía problemas y confiaba en él cuando hacía sugerencias. Lo que era extraño, o tal vez, por el contrario, muy explicable, aunque Bob hablara menos que los otros era un buen conversador. Es posible que los rasgos del lenguaje corporal que hacían de él un líder se reflejaran en su discurso. Cuando hablaba, lo que decía era eficiente.

Teniendo en cuenta todo lo que antecede, el doctor Birdwhistell dividió el cuerpo en ocho secciones para que estos «pequeños movimientos fueran más fáciles de investigar». Además de la *cabeza*, y de la *cara* con sus símbolos pictográficos, considera *el tronco* y *los hombros*, el área *del brazo* y *la muñeca*, *las manos* y *los dedos*, el área de *la cadera*, *la pierna* y *el tobillo, el pie, y el cuello*.

Las principales que designan los movimientos en cada una de esas partes se combinan con cierto número de señales de dirección. Esas últimas son ⬆ para una posición más alta, ⬇ para una posición más baja, ➡ hacia adelante, hacia atrás y ➡ que indica la continuidad de algún movimiento o alguna posición.

Pero después de explicarlo todo surge la pregunta: ¿hasta qué punto un sistema de anotaciones contribuye al estudio del lenguaje corporal? ¿Qué importancia tiene anotar un incidente en términos kinésicos? Aún cuando la anotación está combinada con una grabación de las palabras habladas, sólo hay una limitada utilización de la combinación, probablemente por sólo unos pocos investigadores.

De cualquier manera, semejante sistema de anotaciones puede

no quedar limitado a reproducir situaciones para su estudio. Podría, como el sistema de anotaciones de la danza, utilizararse para «clasificar» discursos y promover la máxima eficacia en campos como la política o la enseñanza. Por ejemplo, podría ser empleado por los terapeutas para «clasificar» las sesiones de tratamiento y compararlas con lo que el paciente dijo anteriormente con su cuerpo y con la boca. Podrían utilizarla los actores, los músicos y otros artistas escénicos y hasta los hombres de negocios.

En realidad, cuando uno se pone a pensarlo, hay muy pocas situaciones en las que semejante sistema de anotaciones no viniera bien. Que el sistema del doctor Birdwhistell llegue a imponerse o no, es algo que queda por ver, pero, con el tiempo, se necesitará indudablemente un sistema semejante.

EL LENGUAJE
CORPORAL:
USO Y ABUSO

Hablemos a los animales

Un indicio de la antigüedad del lenguaje corporal y de su supremacía frente al lenguaje hablado surgió de las observaciones de una pareja, marido y mujer, investigadores de la Universidad de Nevada, R. Allen y Beatrice T. Gardner. Teniendo en cuenta los fracasos de los psicólogos en sus intentos de enseñar a hablar a los monos antropoides, los Gardner decidieron probar los gestos. El lenguaje corporal es parte natural de la conducta animal, se dijeron, y los monos están lo bastante familiarizados con el lenguaje corporal para aprender a emplear los gestos para la comunicación, especialmente en el caso de los simios o monos antropoides, porque son imitativos, curiosos y manualmente diestros.

Los Gardner resolvieron enseñar a una joven chimpancé hembra llamada Washoe el lenguaje de señales empleados por los sordos en Norteamérica. La chimpancé disfrutó de libertad en la casa de los Gardner con juguetes y tiernos cuidados en grandes dosis, y se hallaba rodeada de seres humanos que sólo empleaban un lenguaje de señales para la comunicación.

Washoe, según el estilo chimpancé, muy pronto imitó los gestos del lenguaje de señales de sus amigos humanos, pero tardó meses en reproducirlos a petición. Se le pedía que hablara mediante un toque en la mano, y toda «dicción errónea» era mejorada repitiendo la señal de modo exagerado. Cuando Washoe aprendía correctamente una señal era recompensada con cosquillas. Si se la obligaba a trabajar demasiado, se rebelaba huyendo, o con un acceso de cólera, o mordiendo la mano de su profesor.

Después de dos años de paciente trabajo, Washoe había aprendido cerca de treinta señales. Se consideraba que había aprendido una señal si la empleaba *motu propio* y de modo adecuado por lo menos una vez al día durante quince días. Washoe aprendió a poner las puntas de los dedos sobre la cabeza para significar «más», a sacudir la mano para decir «prisa» y a poner la palma de la mano sobre el pecho para decir «por favor».

Aprendió también las señales correspondientes a un sombrero, zapatos, pantalones y otras prendas de vestir y las señales para bebé, perro y gato. Es sorprendente que empleara estas señales para bebés, perros y gatos desconocidos cuando los encontraba. Una vez hasta empleó la señal de perro al oír un ladrido. También inventó pequeñas frases: «ir dulce» cuando quería ser llevada a un macizo de grosellas, y «Abrir comida bebida» cuando quería algo de la nevera.

La experiencia sigue, y Washoe está aprendiendo nuevos gestos y a integrarlos en nuevas frases. La antigua idea del doctor Dolittle de hablar con los animales puede todavía realizarse a través del lenguaje corporal.

Sin embargo, algunos naturalistas *blasés* advierten que el lenguaje corporal entre los animales no es cosa nueva. Los pájaros anuncian una favorable disposición sexual con elaboradas danzas de galanteo, las abejas señalan la dirección de un abastecimiento de miel con complicados vuelos y los perros se manifiestan a través de innumerables señales, desde echarse a rodar por el suelo y hacerse el muerto, hasta sentarse y pedir comida.

Lo que es nuevo en el caso de Washoe es el enseñar un lenguaje a un animal, y la imitación que hace el animal de las señales de ese lenguaje. Es lógico que el lenguaje de señales de los sordos tuviese éxito, después de que el lenguaje hablado fracasara. La pérdida del sentido auditivo y la exclusión del mundo del sonido hace al parecer al individuo más sensible al mundo de los gestos y los movimientos. Si es así, una persona sorda tendrá una más penetrante comprensión del lenguaje corporal.

Símbolos en un mundo sin sonidos

Teniendo en cuenta lo que antecede, el doctor Norman Kagan, de la Universidad del Estado de Michigan, llevó a cabo una investigación entre los sordos. Les mostró filmes de hombres y mujeres en varias situaciones y les pidió que adivinaran los estados emocionales de esas personas y describieran qué claves en lenguaje corporal habían empleado para significar esos estados. Debido a dificultades técnicas no habían podido leer en los labios.

«Se nos hizo evidente», dijo el doctor Kagan, «que muchas partes del cuerpo, tal vez todas las partes en cierta medida, reflejan el estado emocional de una persona.»

Por ejemplo, hablar moviendo las manos, jugando con un anillo o moviéndose sin descanso fueron interpretados por los sordos como nerviosismo, timidez y ansiedad. Cuando los ojos y la cara de golpe «se vienen abajo», cuando la persona parece «tragarse» la expresión, o cuando sus rasgos sufren un «colapso» fue interpretado como culpa.

Movimientos excesivamente bruscos fueron clasificados como frustración, y un movimiento de encogimiento corporal, como si «se quisiera esconder», sugirió depresión. La fuerza y la violencia fueron atribuidas al impulso hacia adelante de la cabeza y de rodo el cuerpo, incluidos los brazos y los hombros. El aburrimiento fue sugerido por la cabeza ladeada, descansando en ángulo, y el tamborileo de los dedos. La reflexión fue vinculada a la intensidad de la mirada, una frente arrugada y un aspecto alicaído. El deseo de no ver o de no ser visto fue inferido del hecho de quitarse las gafas o mirar hacia otro lado.

Estas interpretaciones fueron hechas por sordos y el sonido no desempeñó papel alguno en la transmisión de señales; sin embargo, las interpretaciones eran exactas. Los gestos eran interpretados en el contexto de una escena, pero la escena era representada sin palabras. El lenguaje corporal por sí mismo puede, al parecer, servir de medio de comunicación si somos capaces de comprenderlo, si somos especialmente sensibles a todos los distintos movimientos y señales. Pero esto requiere la supersensibilidad de un sordo. Su sentido de la vista se ha aguzado de tal modo, su búsqueda de indicios extra es tan intensa, que el contexto total de una escena puede ser transmitido a un sordo a través del solo lenguaje corporal.

El valor real del lenguaje corporal, sin embargo, se halla en la suma de todos los niveles de comunicación del lenguaje hablado y de todo lo demás que sea transmitido a través de la longitud de onda vocal, con el lenguaje visual, inclusive el lenguaje corporal y la auto-imaginación, con comunicación a través de otras bandas. Una de estas bandas es la táctil, que a veces se superpone a la visual, pero es en realidad una forma de comunicación más básica y primitiva.

De acuerdo con el difunto doctor Lawrence K. Frank, de Harvard, el conocimiento del mundo de un niño empieza con el tacto de la madre, con la caricia y el beso, el contacto oral del pecho, el calor y la seguridad de sus brazos. Su educación prosigue con la enseñanza del «no tocar» para adecuarlo a cierto aspecto de su cultura, «los derechos de propiedad», para enseñarle un sentido de posesión y pertenencia. Como niño y como adolescente el tocar el propio cuerpo, las aventuras de la masturbación –la última forma de tocarse–, su exploración en la juventud del tocar del amor, la mutua exploración del cuerpo con el oponente amoroso, son todos aspectos de la comunicación táctil.

Pero éstos son aspectos evidentes. También nos comunicamos con nosotros mismos táctilmente, rascando, acariciando o presionando objetos. Decimos: «Soy consciente de mí mismo. Me doy placer y satisfacción». Nos comunicamos con otros tomándoles la mano, apretándola, y con toda clase de contactos, diciéndoles: «Tranquilícese. Ánimo. Usted no está solo. Le amo».

Es difícil determinar exactamente dónde termina el lenguaje corporal y dónde empieza la comunicación táctil. Las barreras son nebulosas e inseguras.

La Curación mental a través del lenguaje corporal

La comprensión del lenguaje corporal adquiere tal vez su máxima importancia en el campo de la psiquiatría. El doctor Scheflen, en sus trabajos, nos ha hecho ver lo importante que es para los terapeutas emplear conscientemente el lenguaje corporal y el doctor Buchheimer y otros llevaron la comprensión del lenguaje corporal al área de la autoconfrontación.

El doctor Buchheimer hace referencia a un grupo de pacientes adultos a quienes se dio pintura para pintar con los dedos como recurso terapéutico. «La sensación de la pintura mientras la desparramaban en el papel les habría de liberar, esperábamos, de algunas inhibiciones que retardaban el proceso terapéutico. Para ayudarles a comprender lo que estaba ocurriendo, les filmamos mientras trabajaban y luego les mostramos la película».

Una paciente, dijo, había tenido un primer casamiento desacertado, destruido en parte por su incapacidad de disfrutar del sexo. Ahora, en su segundo casamiento, le parecía que su vida sexual era mucho mejor, pero su casamiento todavía «se abría por las costuras».

Al hacer con su pintura una violenta mancha escarlata y púrpura, gritó de golpe: «¡Qué sexual es esto!», y en el mismo momento cruzó las piernas.

Cuando se le mostró la película y se vio confrontada con su propia reacción al concepto táctil de sexualidad, no podía creer que hubiese reaccionado de esa forma. Pero al analizar el sentido del cruzamiento de piernas en términos de lenguaje corporal, concordó en que era una manera de cerrarse y rehusar simbólicamente el sexo. Esto era aún más verdadero en el contexto de sus otras acciones, y su comentario sobre la pintura «sexual». Admitió que ella misma

161

todavía tenía conflictos sexuales. Empezó a comprender de allí en adelante que su segundo casamiento corría peligro por el mismo problema que el primero, y al comprenderlo fue capaz de dar los pasos necesarios para subsanarlo.

Es un ejemplo clásico de cómo la comprensión de su propio empleo de un gesto simbólico de lenguaje corporal abrió los ojos de una mujer sobre la importancia de sus problemas. El doctor Fritz Perls, psicólogo que inició la terapéutica de la Gestalt (la terapéutica psiquiátrica que emplea el lenguaje corporal como uno de sus instrumentos básicos), dice de su técnica: «Tratamos de captar lo evidente, la superficie de las situaciones en que nos encontramos».

La técnica básica de la terapéutica de la Gestalt, según el doctor Perls, no es explicar las cosas al paciente, sino darle la oportunidad de comprender y descubrir por sí mismo. «Para hacerlo», dice el doctor Perls, «paso por alto casi todo el contenido de lo que dice el paciente y me concentro principalmente en el nivel no verbal, puesto que éste es el único que no se presta al autoengaño». El nivel no verbal es, por supuesto, el nivel del lenguaje corporal.

Como ejemplo de lo que quiere decir el doctor Perls, escuchemos ocultamente una de sus sesiones con una mujer de treinta años. Estas conversaciones fueron tomadas en un film de entrenamiento psiquiátrico:

Paciente: Ahora estoy asustada.

Doctor: Usted dice que está asustada, pero está sonriendo. Yo no comprendo cómo es posible estar asustada y sonriendo al mismo tiempo.

Confundida, la sonrisa de la paciente se hace temblorosa y desaparece.

Paciente: Sospecho también de usted. Yo creo que usted comprende muy bien. Yo creo que usted sabe que cuando me asusto río o juego para ocultarlo.

Doctor: Bueno, ¿usted tiene terror al público?

Paciente: No lo sé. soy muy consciente de su presencia. Tengo miedo de que... de que usted va a atacarme de forma tan directa que tengo miedo de que usted me ponga en un rincón y tengo miedo de eso. Quiero que usted esté de mi lado.

Al decir esto la paciente, inconscientemente, se golpea el pecho

Doctor: Usted dijo que yo la pondría en un rincón y usted se golpeó el pecho.

El doctor Perls repite su gesto de golpear y ella mira fijamente su propia mano como si la viera por primera vez, luego repite el gesto pensativamente.

Paciente: Hum.

Doctor: ¿Qué le gustaría hacer? ¿Puede usted describir el rincón al que le gustaría ir?

Volviéndose para mirar los rincones de la sala, la paciente cae en cuenta de la sala como un lugar dentro del cual puede estar.

Paciente: Ya. Es atrás, en el rincón, donde se está totalmente protegido.

Doctor: ¿Entonces usted estaría allí a salvo de mí?

Paciente: Bien, yo sé que no lo estaría realmente. Un poco más protegida, tal vez.

Mirando todavía fijamente al rincón, indica con la cabeza que sí.

Doctor: Si usted pudiera fingir que está en el rincón, ¿qué haría allí?

Durante un momento, lo piensa. Una frase, en un rincón, se ha convertido ahora en una situación física.

Paciente: Sólo me sentaría.

Doctor: ¿Sólo se sentaría?

Paciente: Sí.

Doctor: ¿Cuánto tiempo quedaría sentada?

Casi como si estuviera realmente en un rincón, la posición de la paciente se convierte en la de una niñita en un taburete.

Paciente: No lo sé. Pero es raro que usted me esté diciendo esto. Esto me hace recordar cuando era una niñita. Cada vez que tengo miedo me siento mejor sentada en un rincón.

Doctor: Muy bien. ¿Es usted una niñita?

Confundida otra vez, porque su observación se ha hecho gráfica.

Paciente: Bueno, no, pero es la misma sensación.

El lenguaje del cuerpo

Doctor: ¿Es usted una niñita?
Paciente: Esta sensación me lo recuerda.

Forzándola a enfrentar la sensación de ser una niñita, el doctor continúa.

Doctor: ¿Es usted una niñita?
Paciente: ¡No, no, no!
Doctor: ¿Qué edad tiene usted?
Paciente: Treinta años.
Doctor: Entonces usted no es una niñita.
Paciente: ¡No!

En una escena posterior, el médico dice:

Doctor: Si usted juega a ser muda y estúpida, me obliga a ser más explícito.
Paciente: Esto ya me fue dicho antes, pero no me impresionó.
Doctor: ¿Qué está usted haciendo con sus pies ahora?
Paciente: Los estoy retorciendo.

Ella ríe, porque el movimiento de retorcer los pies le hace comprender que se trata de un juego. El doctor también ríe.

Doctor: Ahora bromea.

Más tarde la paciente dice:

Paciente: Usted me está tratando como si yo fuera más fuerte de lo que soy. Yo quiero que usted me proteja más, que sea más bueno conmigo.

Su voz está enfadada, pero en el mismo momento en que habla, sonríe. El doctor imita su sonrisa.

Doctor: ¿Usted se da cuenta de su sonrisa? Usted no cree nada de lo que está diciendo.

Él también sonríe para desarmarla, pero ella señala con la cabeza.

Paciente: Sí, lo creo.

Trata de no sonreír, pero el doctor le ha hecho reconocer el hecho de su sonrisa.

Paciente: Yo sé que usted no cree que yo...
Doctor: Es evidente. Usted está simulando. Usted es una farsante.
Paciente: Usted cree. ¿ Lo piensa usted seriamente?

Ahora, su sonrisa es insegura y se apaga.

Doctor: Sí. Usted ríe por nada y se retuerce. Usted es una farsante.

Él imita sus movimientos, haciéndoselos ver reflejados en él.

Doctor: Usted está representando una escena para mí.

Paciente: Oh, eso me ofende mucho.

Las sonrisas y risas sin motivo desaparecen y ella está enojada en la voz y en el cuerpo.

Doctor: ¿Puede usted expresarlo?

Paciente: Sí. De ningún modo soy farsante. Admito que me parece duro mostrar mi desconcierto. Odio estar desconcertada, pero me ofende que usted me llame farsante. Sólo porque sonrío cuando me desconcierto o me ponen en un rincón, esto no quiere decir que sea una farsante.

Doctor: Usted ha sido usted misma durante el último minuto.

Paciente: Bueno, estoy enfadada con usted.

Sonríe de nuevo.

Doctor: ¡Otra vez! ¡Otra vez!

Imita su sonrisa.

Doctor: ¿Lo hizo para ocultar su enojo consigo misma? En ese minuto, en ese momento, ¿qué emoción sentía?

Paciente: Bien, en ese momento estaba enfadada, aunque no estaba desconcertada.

Lo importante en esta cuestión, en particular, es el modo en que el doctor Perls capta el lenguaje corporal de su cliente, su sonrisa, su remover los pies, hasta su deseo de sentarse en un rincón, y los pone delante de ella obligándola a enfrentar el simbolismo de su propio lenguaje corporal. Le demuestra que su sonrisa y su risa son sólo defensas para ablandar sus sentimientos reales, la ira que no se permite sentir porque podría ser muy destructiva. Sólo al final se enoja lo suficiente para dejar caer su sonrisa defensiva y se expresa realmente a sí misma. Esto es una autoconfrontación en acción.

Lo que el lenguaje corporal combinado con la autoconfrontación puede hacer, como lo muestra este episodio, es hacer que alguien sea consciente de que lo que está haciendo con su cuerpo contradice lo que dice con su boca. Si usted tiene conciencia de lo que hace con su cuerpo, su comprensión de sí mismo se hace más profunda y más significativa. Por otra parte, si puede controlar su lenguaje corporal usted puede cruzar muchas de las barreras defensivas con las que se ha rodeado.

El fingido lenguaje corporal

Recientemente observé a una guapa joven de menos de veinte años en una fiesta y la vi de pie, cerca de la pared, con una amiga, altiva, lejana e inabordable, para todo el mundo como una virgen de nieve en un cuento de hadas.

Conocía a la joven y sabía que nada tenía de fría y distante. Le pregunté después por qué había estado tan lejana.

«¿Yo, lejana?», dijo con auténtica sorpresa. «¿Que me dice usted de los muchachos? Ninguno vino a hablarme. Me moría de ganas de bailar y nadie me invitaba.» Un poco trágicamente agregó: «Soy la única solterona de menos de veinte años en la escuela. Mire a Ruth. Tiene mi edad y bailó todos los bailes, y usted la conoce. Es un desastre».

Ruth es un desastre. Gorda y sin atractivo, pero, ¡ah, el secreto! Ruth sonríe a todos los muchachos. Ruth atraviesa todas las armaduras y todas las defensas. Ruth hace que un muchacho se sienta a gusto y seguro. El sabe que si la invita a bailar, ella dirá que sí. Su lenguaje corporal se lo asegura. Mi hermosa y joven amiga, calma y helada en la superficie, oculta su consciente timidez. Señala: «No se acerque. Soy inabordable. Invíteme a bailar por su cuenta y riesgo». ¿Qué muchacho de menos de veinte años se arriesgará a semejante rechazo? Obedecen a las señales y se dirigen a Ruth.

Con la práctica, mi joven amiga aprenderá a sonreír y dulcificar su belleza haciéndola alcanzable. Aprenderá el lenguaje corporal para decir a los muchachos: «Puedes invitarme, yo aceptaré». Pero antes tendrá que entender las señales. Deberá verse como la ven los demás, tendrá que enfrentarse consigo misma y sólo entonces podrá cambiar adecuadamente.

Todos podemos aprender que si nos manifestamos como queremos ser, como nos estamos ocultando, entonces podremos estar más disponibles y libres.

Hay muchas maneras de hacerlo, maneras de «fingir» un lenguaje corporal para lograr una finalidad. Todos los libros sobre la manera de mejorarse, sobre cómo hacer amigos, cómo hacer que la gente le quiera a uno, tienen conciencia de la importancia del lenguaje corporal y de la importancia de fingir bien para decir: «Soy un gran tipo. Soy tranquilo. Quiero ser su amigo. Confíe en mí». Aprenda y aplique las señales adecuadas para estos mensajes y asegurará su éxito social.

Las escuelas que se proponen enseñar a ser encantadora tienen conciencia de ello y emplean la misma técnica para enseñar a las jóvenes cómo sentarse, andar y estar de pie de modo gracioso. Si no lo cree, observe un concurso de Miss América y fíjese cómo las jóvenes han sido adiestradas para emplear el lenguaje corporal con el fin de parecer encantadoras y atrayentes. Alguna vez será algo ostentoso y extravagante, pero habrá que premiarlas por intentarlo. Sus gestos son experimentados y cuidadosos. Saben cuánto se puede decir con el lenguaje corporal.

Los políticos han aprendido cuán importante es el lenguaje corporal y lo emplean para enfatizar y dramatizar sus discursos y también para dar de sí la imagen de una personalidad más aceptable. Franklin D. Roosevelt y Fiorello La Guardia tenían ambos el control de su personalidad. Pese al hecho de que Roosevelt era un lisiado, nunca permitió que su cuerpo apareciera en una posición de lisiado (pues bien conocía el impacto en lenguaje corporal para transmitir una imagen de sí mismo controlada y segura). La Guardia transmitía otra imagen, casera, sencilla, la de un hijo del pueblo, todo a través de gestos y movimientos corporales, con un sorprendente conocimiento del vocabulario del lenguaje corporal, y no sólo en inglés, sino además en italiano e yiddish.

Algunas personas no consiguen dominar la gramática del lenguaje corporal por más que se esfuercen. Lyndon Johnson nunca se dio maña, en realidad, en ese terreno. El movimiento de sus brazos fue siempre demasiado estudiado, y parecía representar con buenos modales un programa aprendido de memoria.

El empleo exagerado de un limitado vocabulario de lenguaje corporal hace de Richard Nixon un modelo ideal para los mimos, como David Frye, a quien le basta hacerse con uno o dos gestos suyos y exagerarlos para lograr una sorprendente imitación.

El doctor Birdwhistell, en su contribución al libro *Explorations in Communications*, sostiene que un «kinesiólogo-lingüista» bien entrenado debería poder decir qué movimientos hace un hombre con sólo oír su voz.

Si esto es cierto, es que hay un vínculo rígido entre palabras y movimientos. Cuando un orador señala en cierta dirección, debería hacer una afirmación que le corresponda. Cuando, por ejemplo, Billy Graham truena: «Usted arriesgará el cielo...», apunta con el dedo hacia arriba; y cuando agrega: «Usted irá derecho al infierno», el dedo baja, como sabemos que lo haremos.

Esta es una vinculación de la palabra con la señal muy evidente y muy cruda, pero pese a ello es adecuada y el auditorio la acepta y se conmueve.

Justamente porque hay vinculaciones adecuadas es comprensible que haya personas que tuerzan esas vinculaciones y las empleen de modo incoherente. Algunos hacen lo mismo con las palabras. Tartamudean, farfullan, graduan la voz demasiado alto o demasiado bajo y le quitan así toda la fuerza a lo que dicen. Es igualmente fácil tartamudear o farfullar kinésicamente y emplear gestos equivocados para palabras equivocadas.

El auditorio puede oír sus palabras y comprenderlas, pero gran parte del mensaje estará ausente o falseado y usted se hallará frente a un auditorio frío. No habrá en su discurso emoción ni empatía, nada de la vaga palabra «carisma».

Hasta qué punto puede confundir un lenguaje corporal inadecuado lo demostró hace algunos años el cómico Pat Paulson. Fingiendo ser un candidato a un cargo político, hizo una deliciosa imitación de los candidatos del momento, apagando la voz para que no reflejara emociones, inmovilizando la cara para que tampoco expresara nada, y luego muy astutamente ilustró su representación con los más erróneos movimientos corporales. El resultado fue un pseudopolítico desastrozo.

Desgraciadamente puede ocurrir de veras un desastre semejante cuando un político es demasiado inhibido y torpe para emplear los gestos adecuados, o los desconoce del todo. William J. Fullbright y Arthur Goldberg hicieron ambos importantes y cabales contribuciones políticas, pero sus discursos son tan faltos de comprensión del básico lenguaje corporal que parecen chatos y poco inspirados. Lo mismo puede decirse de George McGovern y en menor grado de Eugene McCarthy.

La popularidad de McCarthy es grande entre los jóvenes que son capaces de llegar a través de la forma hasta las cosas mismas que él dice. Pero en cuanto a la masa del pueblo norteamericano en la desafortunada verdad es que la manera con que se dicen las cosas, el lenguaje corporal empleado, es más importante que las cosas dichas.

El otro McCarthy, Joseph MacCarthy, algunas décadas antes, tenía una terrible eficacia al hablar y la misma garra respecto a lo fundamental del lenguaje corporal que tienen muchos fundamentalistas.

George Wallace, aunque su política pareciera a muchos difícil de tragar, empleó el lenguaje corporal durante la campaña presidencial para proyectar una imagen «honestal». Un análisis cuidadoso de su modo de actuar, especialmente al eliminar el sonido, evidencia que su lenguaje corporal enunciaba a gritos los contenidos de sus discursos.

William Buckley, de Nueva York, es un hombre cuya ideología política se halla francamente a la derecha del centro, pero siempre tuvo mucho público en sus sesiones en la televisión, un público que sólo en parte se hallaba a la derecha del centro. Su fuerza de atracción radica en la representación más que en lo que representa. Además del elemental lenguaje corporal de manos y postura para ser visto a distancia, Buckley tiene un excelente dominio de los más sutiles matices de la kinesia. Emplea la cara con notable facilidad, levanta las cejas, semicierra los ojos, tuerce los labios y mejillas y presenta una constante variedad de expresiones.

El efecto de conjunto es de vivacidad y animación, y exalta la sinceridad de sus declaraciones.

John Lindsay proyecta la misma sinceridad, pero sus movimientos kinésicos son de tono más moderado, menos exagerados que los de Buckley, y con la sinceridad proyecta una sensación de calma y seguridad, y algo más: un convincente ingenio que proviene justamente de la moderación del movimiento kinésico.

Ted Kennedy tiene la misma facilidad kinésica, ayudada, como en el caso de Lindsay y Buckley, por su buena figura. Esto le permite proyectar una sinceridad juvenil que puede hallarse en total contraposición con lo que está haciendo pero, sin embargo, ablanda la resistencia del público.

Pierre Trudeau, de Canadá, tiene la misma sinceridad, pero una mayor animación –probable reflejo de su herencia francesa– que le permite agregar otra dimensión a su imagen política. Es la del sofisticado, del hombre de mundo, aun del *playboy*, pero todo en el buen sentido. Su lenguaje corporal nos dice: «Mire, estoy disfrutando de todas las cosas de que a usted le gustaría disfrutar. Participe de ellas por mi intermedio».

Una vez que usted empiece a analizar los estilos de los hombres, los gestos, movimientos y expresiones faciales, empezará a comprender cuánto se apoyan todos los políticos en el lenguaje corporal para hacer aceptables sus palabras y su imagen. Los realmente buenos, buenos en el sentido de que pueden sugerir cualquier emoción con sus cuerpos, nunca tuvieron que preocuparse por lo que decían. Fue siempre la manera de decirlo lo que importaba.

Todos eran buenos actores, y los buenos actores tienen que ser expertos en el empleo del lenguaje corporal. Un proceso eliminatorio asegura que sólo los que poseen un excelente dominio de la gramática y el vocabulario llegan a tener éxito.

Por supuesto, hubo excepciones notorias. Nelson Eddy fue una de ellas. Se hizo actor en la década de los años treinta debido a su capacidad como cantante, y, como ocurre con muchos cantantes, nunca aprendió siquiera las bases del lenguaje corporal. Algunas de sus realizaciones (que todavía se pueden ver en gravaciones muy antiguas) muestran cuán mecánicos son sus gestos, cómo sus brazos de madera parecen serruchar a la manera de un robot. Lo contrario ocurre con Gary Cooper. Cooper tenía también cierto aspecto leñoso, pero lo empleaba para sugerir solidez y responsabilidad masculina a través de un dominio inconsciente de los movimientos adecuados del lenguaje corporal.

Resumiendo

A medida que los hechos del lenguaje corporal son estudiados y analizados y este lenguaje se convierte gradualmente en una ciencia, pasa a ser un instrumento en el estudio de otras ciencias. Hubo una intervención reciente de la 55ª Convención Anual de la Speech Association of America, a cargo del profesor Stanley E. Jones en la que empleó principios del lenguaje corporal para poner en duda la tesis del doctor Hall de que la diferencia fundamental entre las diversas culturas consiste en su manera de tratar el espacio. Los latinoamericanos, dijo, se ponen más cerca cuando hablan que los chinos o los negros, y los árabes se ponen aún más cerca que los latinos.

El profesor Jones, después de trabajar durante dos años en Harlem, Chinatown, Little Italy y el Harlem hispano, todas ellas áreas étnicas de la ciudad de Nueva York, demostró que este modelo se modifica. Cree que condiciones de pobreza forzaron a esos pueblos a cambiar algunas de sus conductas culturales. Según él, hay una cultura de la pobreza que es más fuerte que cualquier base étnica subcultural.

El profesor Jones, analizando su trabajo en una entrevista de prensa, dijo: «Cuando empecé a estudiar los modelos de conducta de las subculturas que viven en el llamado crisol de Nueva York, esperaba comprobar que mantenían sus diferencias. Descubrí con sorpresa que la pobreza los había condicionado a comportarse con gran similitud».

En áreas superpobladas con malas condiciones de habitación, el profesor Jones comprobó que virtualmente todos, cualquiera que fuese su trasfondo étnico, se mantenían alejados cerca de treinta centímetros.

Es éste un empleo sociológico de la creciente ciencia del lenguaje corporal en un intento de descubrir de qué modo la pobreza afecta a la cultura. Lo que los descubrimientos del profesor Jones parece indicar es que la cultura de los pobres norteamericanos se superpone a las distinciones étnicas y nacionales. Norteamérica se ha vuelto un crisol, pero es la condición de-pobreza lo que diluye las barreras para producir un lenguaje corporal común.

Sería interesante proseguir con este trabajo y verificar que otras áreas, además del espacio, son afectadas por la pobreza, o tomar la dirección inversa y averiguar si la riqueza también rompe las normas étnicas del lenguaje corporal. ¿Son las fuerzas económicas más potentes que las de la cultura?

Hay un gran número de investigaciones posibles abiertas al futuro estudiante del lenguaje corporal, y lo más interesante es que el equipamiento necesario es mínimo. Si, por una parte, conozco cierto número de estudios complicados que se realizaron con videocinta y films de 16 milímetros, y docenas de estudiantes voluntarios, conozco también un trabajo encantador realizado por un muchacho de catorce años desde cuyo dormitorio se puede ver una casilla telefónica en una calle de la ciudad de Nueva York.

Empleó una cámara cinematográfica de ocho milímetros para filmar tantos pies de personas que utilizaban la casilla cuanto se lo permitían sus recursos, y luego utilizó el proyector familiar para demorar el desarrollo mientras observaba e identificaba cada movimiento.

Conozco a otro, un estudiante algo mayor, que está preparando su doctorado con un estudio del modo cómo las personas se evitan unas a otras en una calle con una gran aglomeración, y en otra con menor aglomeración.

«Cuando hay espacio suficiente», explica, «esperan hasta hallarse a tres metros de distancia y entonces cada uno hace al otro una señal para que se muevan al cruzarse en direcciones opuestas». Todavía no ha descubierto cuál es la señal exacta que se emplea para indicar qué dirección va a tomar cada uno.

Algunas veces, por supuesto, las señales se confunden y dos personas se encuentran frente a frente, se mueven ambas hacia la derecha y luego ambas hacia la izquierda y continúan ese baile hasta que se detienen, sonríen disculpándose y luego siguen. Freud lo denominaba un encuentro sexual. Mi amigo lo denomina un tartamudeo kinésico.

El lenguaje corporal es una ciencia en la infancia, pero este libro ha analizado algunas de sus normas básicas. Ahora que usted las conoce, mírese atentamente a sí mismo, a sus amigos y a su familia. ¿Por qué se mueve usted del modo como lo hace? ¿Y qué significa? ¿Es usted dominante o subalterno en sus relaciones kinésicas con otros? ¿Cómo maneja usted el espacio? ¿Es usted dueño de él, o deja que él lo controle?

¿Cómo maneja usted el espacio en una situación de trabajo? ¿Golpea la puerta del jefe y luego entra? ¿Se acerca usted a su mesa y le domina, o se detiene a una distancia respetuosa y deja que él le domine a usted? ¿Le permite que lo domine como un medio de conciliárselo o como un medio de manejarle?

¿Cómo sale usted del ascensor cuando se halla con socios del negocio? ¿Insiste usted en ser el último que baja debido a la superioridad inicial que este gesto amable le brinda? ¿O baja usted en primer lugar permitiendo que otros le hagan el favor y tomando su cortesía como algo que le es debido? ¿O discuten por la precedencia? «Usted primero»; «No, usted».

¿Cuál de todas estas conductas es la más equilibrada? ¿Cuál la que adopta el hombre perfectamente seguro de sí? Piense en cada una de ellas. Su respuesta es tan buena como la de un psicólogo competente. Se trata de una ciencia en sus comienzos.

¿Dónde se sitúa usted en una sala de conferencias? ¿En el fondo, donde hay cierto anonimato, aunque pierda algo de lo que dice el conferenciante, o adelante donde puede oír y ver confortablemente pero se halla usted en evidencia?

¿Cómo se conduce usted en una reunión informal? ¿Sostiene usted con sus manos nerviosas una copa? ¿Se apoya en una chimenea para mayor seguridad? Puede ser una fuerza inmovilizadora para la mitad de su cuerpo y le liberará de la preocupación de qué decir con el lenguaje corporal o por lo menos le liberará a medias. Exceptuado el hecho de que la manera como se apoya le traiciona.

¿Dónde se sienta usted? ¿En una silla en un rincón? ¿En un grupo de amigos o cerca de un desconocido? ¿Qué es lo seguro, y qué es lo más interesante? ¿Qué indica seguridad y qué indica madurez?

Empiece a observar en la próxima reunión a la que vaya. ¿Quiénes son las personas que dominan la reunión? ¿Por qué? ¿Cuánto le deben al lenguaje corporal y qué gestos emplean para lograrlo?

Observe cómo se sienta la gente en los coches del metro.

¿Cómo se distribuyen cuando el coche no está lleno? ¿Cómo cruzan las piernas, los pies y los brazos?

Sostenga la mirada de un extraño durante un lapso de tiempo más prolongado que lo necesario y observe lo que ocurre. Puede estar usted lanzándose a una experiencia desagradable y, por otra parte, puede tener usted algunas buenas experiencias. Puede encontrarse usted conversando con extraños y que le guste.

Usted conoce las bases y algunas de las normas. Usted viene desarrollando el juego del lenguaje corporal inconscientemente durante toda su vida. Empiece ahora a jugar conscientemente. Rompa algunas normas y observe lo que sucede. Será sorprendente y a veces un poco preocupante, aventurado, revelador y divertido, pero le prometo que no será aburrido.

ÍNDICE